punctum 026

Oxana Timofeeva
Heimat
Eine Gebrauchsanweisung

Herausgegeben und aus dem
Russischen übersetzt von
Anja Dagmar Schloßberger

Mit Fotografien von
Kulshat Medeuova, Oxana Timofeeva
und Wladimir Velminski

Matthes & Seitz Berlin

Meiner Mutter

Vor Kurzem war ich in
Einem wunderbaren Land,
Da plätschern Riffe
In bernsteinfarbenen Wellen,
Da steht die Zeit still
In Schattigen Gärten,
Und flamingofarben
Ziehen Wolken dahin

In smaragdenen Bergen
Funkelt ein Flüsslein,
Schön wie ein Märchen,
Tief wie ein Traum.
Und es möchte so gern
Zum leuchtenden Mond,
Zu der Wellen goldglänzendem Schaum.

Du wirst mich verstehen
Ein bess'res Land ist nicht zu finden
Du wirst mich verstehen
Ein bess'res Land ist nicht zu finden

Ein wunderbares Land[1]

Inhalt

Koževnikovo

Ich komme aus Koževnikovo. Einem Dorf in Sibirien, am Ufer des Ob. Dort lernten meine Eltern sich kennen und dort bin ich geboren. Ein Jahr nach meiner Geburt zogen wir von Koževnikovo nach Kasachstan, deshalb kann ich mich an das Dorf überhaupt nicht erinnern. Nie wäre mir dieser Ort in den Sinn und ich nie auf die Idee gekommen, ihn auf einer Landkarte zu suchen. Das Dorf Koževnikovo in der Tomsker Oblast existierte für mich ausschließlich als Schriftzug, der den Geburtsort in meinem Pass angibt. Ich war mir noch nicht einmal sicher, ob das Dorf heute überhaupt noch existiert: Lange bevor die UdSSR zerfiel, starben viele Dörfer in Sibirien. Und da, wo sie einst waren, wächst nun wieder Wald.

Aber an Sibirien erinnere ich mich ganz genau. Meine Familie kommt aus Sibirien. Meine Urgroßmutter Nastja lebte in einem Dorf nahe der Stadt Kemerovo. Während des Bürgerkriegs war sie auf der Seite der Kommunisten, jener Partisanen, die gegen die sogenannte Kolčakarmee[2] kämpften. Einmal ließen die Weißen die Bewohner des Dorfes antreten. Alle mussten sich in einer Reihe aufstellen; die Weißen befahlen, diejenigen auszuliefern, die Verpflegungsmittel in den Wald brachten. Die Bauern gruppierten sich so, dass Nastja hinter ihnen stand und fliehen konnte. Sie rannte so lange, bis sie einen Heuhaufen sah. In den ist sie hineingekrochen, um sich darin zu verstecken. Die Weißen waren ihr auf den Fersen und als sie den Heuhaufen erblickten, rammten sie ihre Bajonette und Heugabeln hinein. Nastja kauerte reglos im Heu: Die spitzen Weißgardisten-Bajonette berührten fast ihren Körper. Aber das Heu zog sich schützend um sie herum zusammen, es versteckte meine Urgroßmutter vor den Weißgardisten: Das Heu war auf der Seite der Partisanen.

Nach ihrem 13. Geburtstag verließ meine Mutter das Dorf und zog in die Stadt, um die Schule fertig zu machen. Nach ihrem Abschluss schrieb sie sich an der Tomsker Universität ein. In Tomsk lernte sie ihren ersten Mann kennen und bekam mit ihm meine Schwester Lena. Ebenfalls dort ließ sie sich wieder von ihm scheiden; und als sie schließlich eine Stelle in Koževnikovo – als Journalistin bei der Dorfzeitung – fand, ist sie dahingezogen. Als Kind bin ich öfter in Tomsk gewesen, aber meistens auf der Durchreise. Mir ist, als sei das überhaupt die erste Stadt, die ich je in meinem Leben gesehen habe. Etwa 1984 machten wir dort einen mehrtägigen Zwischenstopp, und zum ersten Mal sah ich das graue Eis auf dem Fluss treiben; bis dahin war ich nämlich immer mit der Eisenbahn über Tomsk in das kleine Dorf Balagačevo, zu meinen Großeltern, gebracht worden. Sie wohnten in einer russischen Holzkate mit einem großen russischen Ofen, bauten Gemüse an, züchteten Blumen und hielten sich eine riesengroße Kuh namens Malyška – auf Deutsch bedeutet das kleines Mädel –, sie war so grau wie eine Taube. Morgens trieb man alle Kühe des Dorfes zum Grasen auf die Weide, und bei Sonnenuntergang rief meine Großmutter mit lauter Stimme: »Malyška, Malyška!« Abends, nachdem ich in der Banja, dem russischen Badehäuschen war, stellte man einen großen Eisenkrug mit frischer Kuhmilch vor mich hin.

Einmal am Tag bahnte sich der Zug seinen Weg von Tomsk nach Bely Jar und kam durch Balagačevo; ansonsten war da nur der Wald, eine dichte dunkelgrüne Mauer, die das Dorf umgab. Kilometerweit undurchdringliche Taiga. Unglaublich hohe Bäume, sie reichten fast bis in den Himmel. Später, als ich bereits erwachsen war, dachte ich eine Zeit lang, dass die sibirischen Bäume mir höchstwahrscheinlich nur deshalb so hoch vorgekommen waren, weil ich selbst zu diesem Zeitpunkt noch so klein war; doch diese Annahme hat sich als falsch erwiesen. Die Bäume dort sind wirklich sehr, sehr hoch.

Gelegenheit, mich davon zu überzeugen, hatte ich, als ich zum ersten Mal seit 1985 wieder in dieser Gegend war – aus beruflichen Gründen. 2016 lud mich die deutsche Künstlerin und Kuratorin Hannah Hurtzig nach Novosibirsk ein, bei einer groß angelegten Performance mitzumachen, die das lokale Goethe-Institut unterstützte. Bei dem Projekt mit dem Titel »Gespräche aus der Dunkelkammer«[3] diskutierten Teilnehmer aus unterschiedlichsten Kontexten über äußerst ausgefallene Themen in äußerst ausgefallenen Formaten: Beispielsweise war da eine *Intellektuellen-Küche* in der russischen Tradition der Küchengespräche: Leute sitzen am Tisch, trinken Tee, Wodka oder beides und sprechen über Gott und die Welt; außerdem gab es Vorlesungen, die je für nur einen einzigen Zuhörer gehalten wurden, wobei dem Vortragenden vorab nicht bekannt war, wer sein Auditorium sein würde. Ich sollte an Küchengesprächen über russische Aktionskunst teilnehmen und zweimal eine philosophische Vorlesung über die Zombie-Apokalypse halten – an zwei Abenden für je eine Person. Ebenfalls eingeladen war mein alter Freund Igor Chubarov. Kurz vor der Reise waren wir uns auf einer Konferenz in Moskau begegnet; da erzählte mir Igor, sein Freund Wolodja und er würden planen, nach der Performance per Autostopp nach Tomsk zu fahren: ich willigte ein, mich ihnen anzuschließen, und breitete die Landkarte vor mir aus. Zwischen Tomsk und Novosibirsk liegen 300 km. Für sibirische Maßstäbe praktisch nichts.

Würden wir die alte Route über Kolyvan nehmen, müssten wir nach etwa drei Stunden Autofahrt durch Koževnikovo kommen. Durch das Dorf, das mein Pass als meinen Geburtsort nennt. Durch meine Heimat.

Bereits in Novosibirsk war ich ganz aufgeregt und hibbelig, wie ein kleines Mädchen, das es kaum erwarten kann, die ihm bevorstehende Reise anzutreten. Nach zwei Tagen öffentlich geführter Küchengespräche und Vorlesungen vor jeweils nur einem einzigen Hörer verließen wir *Novosib* per Anhalter. Die Frau am Steuer ließ sich netterweise darauf ein, uns zuliebe die alte Route zu nehmen, den längeren Weg. Ich konnte mich zwar nicht an diese Straße erinnern, aber ich wusste mit Sicherheit: dass ich diese Straße schon einmal langgefahren bin. 1978, in meinem Geburtsjahr. Damals hatte es die neue Straße nämlich noch nicht gegeben, und wer nach Koževnikovo wollte, mit dem Omnibus von Tomsk nach Novosibirsk oder andersrum, konnte keine andere Strecke nehmen. Wie alle Straßen in Sibirien war auch diese in schlechtem Zustand, daher kamen wir nur langsam voran. Je näher wir Tomsk waren, desto höher wurden die Bäume. Die waldigen Abschnitte wechselten mit leuchtend grünen Maiwiesen und frisch gepflügten schwarzen Feldern, darüber zogen Habichte ihre Kreise. An den Straßenrändern standen hie und da Einheimische in hohen Gummistiefeln und boten Birkensaft zum Verkauf.

Am Ortseingang von Koževnikovo entlud sich die bukolische Landschaft: ein Feuerwerk aus Sonnensprenkeln. Mit einem Schlag hatte ein riesiger hell leuchtender Birkenwald die tief smaragdgrüne Taiga abgelöst. Meine vergessene, verkannte Heimat überwältigte mich. Die hoch hinaufstrebenden, dicht an dicht stehenden weißen Stämme schienen durchsichtig zu sein. Weder Kiefern, Fichten noch Eichen – einzig und allein Birken, kraftvoll schlugen sie maigrün aus. Ich übertreibe nicht, wenn ich sage: Die Wipfel der Bäume verschwanden buchstäblich irgendwo am höchsten Punkt des Himmels. Dieser Wald umfing ein großes russisches Dorf. An der Einfahrt neben der Straße prangte eine Losung, die wahrscheinlich genau zu der Zeit, als ich selbst hier das Licht der Welt erblickt hatte, angebracht worden war: »Hier am Ob, in Sibiriens schönsten Landen, ist eine Gartenstadt entstanden. Herzlich willkommen!«

Ich rief meine Mutter in Petersburg an und fragte, ob sie sich nicht vielleicht daran erinnern könne, wo genau wir in Koževnikovo gewohnt hatten. Meine Mutter war sich nicht sicher: Sie konnte sich nicht mehr an den Straßennamen oder die Hausnummer erinnern. In dem Dorf gebe es ein vierstöckiges Haus, dahinter sei so eine Art Schuppen oder ein Stall und ein zweistöckiges Haus, direkt am Wäldchen. Wir fragten die Passanten, wo ein vierstöckiges Haus stünde, und machten es mit ihrer Hilfe rasch unweit der Hauptstraße ausfindig. Da ist es, und hinter ihm stehen wirklich die baufälligen Holzschuppen und etwas weiter weg ein längliches zweistöckiges graues Haus mit roten Streifen: Komarova-Str. 13. Vor dem Eingang saßen Leute; ich fragte sie, aber niemand konnte sich an uns erinnern.

Hinter dem Haus begann tatsächlich sofort ebenjenes Wäldchen, genauer, ein in den Birkenhain übergehender Park mit sehr alten, schon stellenweise rostigen Kinderspielplatzgeräten und Hinweistafeln: »Liebe Leut!, seid so gut, entsorgt Euren Müll in der Tonne, das wäre eine Wonne!«, »Sogar der Hase ist auf Draht: Im Park fährt man nicht Motorrad! Das sind die Verhaltensregeln.«[4] Unter den Geräten entdeckten wir auch den wichtigsten und beliebtesten sowjetischen Schaukeltyp: die Schiffsschaukel. Wundersamerweise funktionierte sie immer noch; ich stieg in eines der Schiffchen ein und genoss, selig wie ein Kind, den Flug. Später spazierten wir noch auf den Pfaden zwischen den rostigen Schaukeln und den weißen Birken umher. So viel Licht, so viele Sonnenstrahlen und solch eine Pracht in diesem Maienwäldchen – als würde ich mich an etwas erinnern, was ich nie besessen, aber jetzt zurückbekommen hatte.

Ču

Ich komme aus Ču.[5] Einem kleinen Städtchen in Süd-
kasachstan, einem Halt und Knotenpunkt auf der
Route der Turkestan-Sibirischen Eisenbahnlinie, der
sogenannten Turksib, die Almaty, das bis 1993 Alma-
Ata hieß, und Taraz verbindet. Heute trägt die Stadt
den kasachischen Namen Šu, zu sowjetischen Zeiten
war das jedoch der Bahnhof Ču, am Fluss Ču im Ču-
Tal, gelegen in der Džambul'sker Oblast. Diese Gegend war in der ganzen Sowjetunion für ihren wilden
Hanf berühmt, den die Einheimischen »Anaša« oder
»Scheitanskraut« nennen; mir ist diese Gegend jedoch
wegen etwas ganz anderem im Gedächtnis geblieben.
Nämlich der Steppe wegen, die im Mai in gelben Tulpen und purpurnem Mohn zu blühen beginnt, während
der Himmel darüber türkis-hellblau ist. Diesen beson-
deren Farbton gibt es sonst nirgends auf der Welt, nur
dort. Das Ču-Tal ist eine üppige Oase, in der es Rosen,
Kirschen, Weintrauben und natürlich in Hülle und
Fülle Wassermelonen gibt. Die Wassermelonen aus
Ču sind die besten auf der ganzen Welt. Irgendwann
einmal bekam meine Mutter eine ganze Wagenladung
geschenkt, frisch vom Melonenfeld, dem *Bachča,* wie

sie hier sagen: wir hatten ein ganzes Zimmer voll mit Wassermelonen, jeden Tag rollten wir uns eine heraus.

Als wir dort gelebt haben, sah man überall Eselskarren auf den Straßen. Von Zeit zu Zeit kamen Roma zu Pferde geritten, und die Straßen waren erfüllt von ihrem Ruf: »Flasche! Flasche!« Sie sammelten Leergut ein und verteilten im Gegenzug einen in der UdSSR sehr beliebten Lolli an die Kinder, er heißt *Petušok,* das bedeutet kleiner Hahn und diese Form hatte er auch. Die Hirten, die man in Kasachstan *Čabany* nennt, zogen mit riesigen Schafsherden raus in die Steppe. Im Sommer vibrierte die Luft, in der sich in der Gluthitze der Duft von Rosen, Anaša, Eselskot, der frittierten Süßspeise Boorsoq und Baumwollsaatöl vermischte, manchmal bin ich wegen der Hitze umgekippt. Die Fenster verdunkelte man mit Zeitungen, weil die Sonne wie verrückt brannte. Wenn sie abends unterging, sah sie aus wie ein riesiger leuchtend roter Ball. Auch an ein leichtes Erdbeben kann ich mich erinnern: meine Schwester spielte gerade Mykolas Kleopas Oginskis Polonaise »Abschied von der Heimat« auf dem Klavier, als plötzlich alles im Zimmer zu wackeln anfing und mein zutiefst erschrockener Vater vom Balkon hereingestürzt kam, da er dachte, dieser sei drauf und dran einzustürzen.

Das Haus, in dem ich meine Kindheit verbrachte, befand sich am Rande der Stadt in der Friedrich-

Engels-Straße. Die Fenster der Wohnung im zweiten Stock gingen zur Steppe raus: hunderte Kilometer ohne eine einzige Ortschaft. Ich liebte es, aus dem Fenster zu sehen. Zwischen der unendlichen Steppe und dem unendlichen Himmel erstreckte sich der Horizont, ein dunkelblauer Streifen. Eine meiner frühesten Erinnerungen – vermutlich aus dem Jahr 1981 oder 1982: Meine Mutter hat mich auf dem Arm, zeigt aus dem Fenster und sagt, ganz weit dahinten, da, hinter der Steppe liegt Afghanistan.[6] Im Winter war die Steppe grau, aber im Frühling war sie zartgelb wie die Tulpen, die meine Mutter und ich pflücken gingen, armweise trugen wir sie nachhause und stellten sie in drei Liter fassende große Konservengläser.

In der Steppe gab es ein seltsames Gewässer. Für uns war es ein Fluss, wir gaben ihm den Namen Ponura. Eigentlich war das natürlich gar kein Fluss, sondern Abwasser, brackige, violett-schwarze Abfälle der Erdölproduktion. Würde man ein Zündholz hineinwerfen, finge Ponura an zu brennen. Geradeso wie in dem Kindergedicht von Kornej Čukovskij, das wir alle auswendig zu lernen hatten: »Und die Füchse, diese Sünder, / nehmen Zünder, / gingen hin zum Meeresstrand, / setzten gar das Meer in Brand!«[7] Doch vielleicht lag es gar nicht an den Streichhölzern – schwerlich konnten sich die Füchse so nah an den Fluss herangewagt und Zündhölzer in dieses Feuer-Wasser geworfen haben?

Vielleicht hatte Ponura ja einfach der Hitze wegen Feuer gefangen. Eines bleibt jedoch eine Tatsache: Sie hat gebrannt wie Öl, mächtig loderten die Flammen, und hoch droben über dem Feuer, den Himmel bedeckend, breiteten sich dunkle, dichte, zähe und tiefschwarze Rauchschwaden über der Steppe aus. Zur Steppe gingen die Fenster zweier Zimmer raus, im Türrahmen dazwischen hing eine Kinderschaukel. In ihr saß ich, schaukelte und genoss das Fliegen, während ich die Katastrophe, die sich draußen abspielte, mal aus dem einen, mal aus dem anderen Fenster beobachtete.

Kasachstan, zu diesem Zeitpunkt eine der 15 zur UdSSR gehörigen Republiken, war meinen Eltern im Rahmen der sogenannten *gelenkten Arbeitsplatzvergabe* zugeteilt worden. So bezeichnete man das sowjetische zentralisierte System der Arbeitsbeschaffung für die Jugend: In der UdSSR war jeder verpflichtet, eine Arbeit zu haben, und der Staat war dafür verantwortlich, dies umzusetzen, er besorgte den Menschen in allen möglichen Gegenden der Sowjetunion Arbeit. In Ču waren die unterschiedlichsten Leute versammelt: Kasachen, Russen, Deutsche, Uiguren, Roma, Kurden, Juden, Kirgisen usw. Auf eigenen Wunsch wären wir nie wieder von da weggegangen. Kein Mensch wollte aus Ču wegziehen. Aber als 1985 die Perestrojka einsetzte, nahm der Nationalismus wüste Formen an. Die Russen wurden verfolgt, und zu bleiben, wäre zu gefährlich gewesen. Wir ergriffen die erstbeste Gelegenheit, die Wohnung zu tauschen; wir zogen eiligst in den hohen Norden und brachen alle Brücken hinter uns ab.

Nun verband uns nichts mehr mit Kasachstan außer unseren Erinnerungen: an die Steppe, die ob der Gluthitze gleißende Luft, die brennende Ponura und die Blumenteppiche. Mohnblumen wie diese habe ich seither nie wieder gesehen, besser gesagt sah ich einmal welche auf Teneriffa, aber nur sehr flüchtig, ich sah sie aus dem Busfenster. Doch die gelben Tulpen sind mir bisweilen in Form bescheidener Sträuße untergekommen, die mich immer in helle Aufregung versetzen (sie sind meine »Madelaines«: jenes einfache Element, das über die unglaubliche Kraft verfügt, augenblicklich Sinneseindrücke aus der Vergangenheit wieder wachzurufen). Seit 1991 gibt es die UdSSR nicht mehr, und Kasachstan hat seine Unabhängigkeit erklärt. In Raum und Zeit tat sich plötzlich eine Grenze auf, die meine Wurzeln zweifach kappte: den Staat, in dem ich geboren bin, gab es nicht mehr, der Ort aber, den ich als meine Heimat betrachte, lag nun im Ausland.

Mein ganzes Leben hatte ich mich nach Ču gesehnt, aber nie hätte ich gedacht, dass ich je wieder dorthin kommen würde; mir schien, dieser Traum müsse unerfüllt bleiben. Nach meinem 38. Geburtstag änderte sich etwas. Auf einmal verstand ich, dass ich schon eine erwachsene Frau war und dass erwachsen zu sein bedeutet, das zu tun, was *du* willst, nicht das, wovon du glaubst, dass du es tun willst, sondern das, was du tatsächlich tun willst, das, was du begehrst und wovon du träumst. Ich fragte mich, was für Träume ich überhaupt hätte, und prüfte sie dann genau: Ich teilte meine wahren Träume von den nicht wahren. Nicht wahre oder Quasiträume sind narzisstische Fantasien oder hyperambitionierte Pläne. Derlei Fantasien drehen sich um mich selbst, genauer gesagt, drehen sie sich nicht um mich selbst, sondern um die Galerie der Idealbilder, die ich von mir habe. Auf ihnen bin ich schön, alle lieben mich, ich genieße Anerkennung und Respekt, alle bewundern mich, ich sehe toll aus, bin berühmt und manchmal sogar reich. All diese Fantasien sind flüchtig, sie fallen in sich zusammen, als wären sie Staub. Und Staub sind sie auch in Wirklichkeit. Wahre Träume handeln von unseren innigsten Wünschen, mit Erfolg oder Anerkennung haben sie nicht das Geringste zu tun. Es sind unsere eigenen Träume, im Kern kreisen sie immer um etwas ganz Bestimmtes, Existenzielles, das über uns selbst hinausgeht und uns absorbiert; das Bild, das ich von mir habe, lassen sie aus dem Blickfeld verschwinden. Beispielsweise der Traum vom Meer, vom Kosmos oder von einem Haus, von meinem Haus.

Mein sehnsüchtigster Traum war, meine Heimat wiederzusehen: ihn war ich nie losgeworden, ihn trug ich immer mit mir. Er war bloß unter der Staubschicht narzisstischer Fantasien verborgen gewesen, und so hatte ich fast nicht bemerkt, dass er überhaupt existierte. Sollte es wirklich irgendetwas geben, das mich ernsthaft daran hindern konnte, mir diesen Traum zu erfüllen? Zu meiner Verwunderung stellte ich fest, dass dies ganz und gar nicht der Fall war. Vor kurzem hatte ich mit einer kasachischen Philosophin, Kulshat Medeuova, Freundschaft geschlossen, und sie hatte mich zu einem Vortrag nach Astana eingeladen. Gerade war sie dabei, meinen Aufenthalt in Almaty zu organisieren. Sie half mir, ein Ticket nach Ču zu besorgen, holte mich am Bahnhof ab und begleitete mich auf meiner ganzen einwöchigen Reise durch Kasachstan im Mai 2016 (auch meine Reise nach Koževnikovo war im Mai gewesen – sieht ganz so aus, als besuchte ich in einem Monat gleich zwei Heimaten).

In Astana hielt ich den Vortrag »Eule und Engel«[8]; darin vergleiche ich zwei geflügelte Wesen – die Eule der Minerva, von der Hegel im Vorwort zur »Philosophie des Rechts« schrieb, und den Engel der Geschichte Walter Benjamins. Sowohl die Eule als auch der Engel treten an dem Ort in Erscheinung, wo die Katastrophe bereits vollzogen ist oder wo die Zeit bereits vollzogen ist: Es ist immer schon zu spät, es kann nichts mehr korrigiert werden. Beide blicken sie nicht in das Zukünftige, sondern in das Vergangene. Es sind

Wesen der Retrospektion. Die weise Hegel'sche Eule will das Vergangene begreifen, während der empfindsame Engel die Toten erlösen, die Toten wecken will. Diese beiden Wesen wirken auf den ersten Blick melancholisch, aber in Wirklichkeit sind sie nicht melancholisch: Die Eule ist ebenso wie der Engel von einem Strom unsichtbaren Glücks umgeben oder sogar einer Art Genuss; Spuren davon lassen sich in diesem gemeinsamen psychologischen Porträt entdecken. Zu meinem Vortrag war auch der kasachische Philosoph Žabajchan Abdil'din gekommen. Abdil'din ist bekannt für seine Forschung auf dem Gebiet der dialektischen Logik und für seine Freundschaft mit Ėval'd Il'enkovyj. Er war äußerst freundlich und hielt als Reaktion auf meinen Auftritt eine kleine Rede, in der er die Studenten ermunterte, die klassischen deutschen Philosophen zu lesen. »Wenn ihr Hegel verstanden habt«, sagte er, »dann versteht ihr auch alles andere.«

Mein Zug, der in Astana gestartet war, sollte am frühen Morgen in Ču eintreffen. Ich war drei Stunden vor seiner Ankunft aufgewacht und sah nun aus dem Fenster auf die graue, monotone Steppe, die Kuppen der Berge und den langgezogenen See Balchaš. Im Balchaš waren wir früher ab und zu schwimmen gegangen. Ich erinnere mich an den Sommer, in dem meine Mutter in der Kulturabteilung der örtlichen Eisenbahnergewerkschaft gearbeitet hat. Sie war damit beauftragt worden, die Leitung des sogenannten Klub-Waggons zu übernehmen. Das war ein himmelblauer Eisenbahnwaggon, der im Innern mit einem Kino ausgestattet war, man konnte ihn überall ankoppeln. Mit ihm waren wir den ganzen Sommer über in der Steppe auf Achse, mal machten wir Halt an einem See, mal in entlegenen Auls in der tiefsten kasachischen Provinz, um den wenigen dort lebenden Menschen sowjetisches Kino vorzuführen. Die Auls schienen im Sand zu versinken, und im Wasser des Balchaš spiegelte sich die Farbe des Himmels.

Der Zug brauste dahin, ohne anzuhalten raste er durch den Bahnhof *Čiganak*. Genau hier war unsere Familie 1979 aus Sibirien angekommen: auf der Baustelle des südkasachischen GRES, des regionalen Staatlichen Elektrokraftwerks. Nach Ču waren wir erst später gezogen. In Čiganak lebten wir in einer kleinen BAM-Baracke (so heißen die auf die Schnelle für die auf die großen sowjetischen Baustellen in nicht erschlossenen Gegenden verteilten Bauarbeiter hingestellten Holzbaracken; BAM-Baracken nennt man sie, weil sie zum ersten Mal für die Bauarbeiter der BAM, der Bajkalo-Amurskaja Magistral' zum Einsatz kamen). Wir ernährten uns von Saiga-Antilopen, auf die Vater in der Steppe Jagd machte, und von in der Sonne getrocknetem Fisch aus dem Balchaš. Aus diesem See holten wir uns auch unser Trinkwasser, wir filterten den Müll heraus und ließen es abstehen, bevor wir es tranken. Außer dem See und den grauen Bergkuppen gab es an diesem Ort überhaupt nichts. Ich selbst kann mich zwar nicht an Čiganak erinnern, aber meine ältere Schwester schon und sie sagt, es ähnele sehr der Eisenbahnstation aus dem Roman *Ein Tag länger als ein Leben*, auf Russisch heißt er *Burannyj polustanok*, was wörtlich übersetzt »Kleine Bahnstation Burannyj« bedeutet, die der berühmte sowjetische Schriftsteller Čingiz Ajtmatov beschrieben hat.[9] Obwohl die Eisenbahnstation *Burannyj* in Wahrheit tatsächlich ganz woanders liegt, nämlich im nordöstlichen Teil Kasachstans. Aber dafür beschreibt Ajtmatov im Roman *Der Richtplatz* ebenjene Ču-ische Steppe, auf die unser Zug bereits zuraste.

Die Fahrt von Čiganak nach Ču dauert über zwei Stunden. Die ganze Zeit lang sah ich aus dem Fenster und betrachtete die eintönige graue Landschaft. Bis sie auf einmal begann, sich ganz plötzlich zu verändern. Die Steppe entlud sich förmlich in purpurnen Farbklecksen. Ich brauchte einen Augenblick, um zu verstehen, dass das die Mohnblumen waren, also sah ich noch einmal genauer hin, ich traute meinen Augen kaum. Unter dem türkisfarbenen Himmel breitete sich das Tal aus mit seinem olivgrünen Fluss, den pyramidenähnlichen Pappeln und noch anderen, niedrigen silbrigen Bäumen. Ihr Anblick ließ mein Herz höherschlagen: ich kannte sie nur aus Kindertagen und hatte mich seither niemals und nirgendwo ihrer erinnert. Auch wie man sie nennt, weiß ich nicht.[10]

Meine Heimat empfing mich mit ebenjenem süßen Duft, an den ich seit etwas mehr als 13 Jahren vergeblich versuchte mich zu erinnern und den ich immer wieder mit irgendwelchen anderen Gerüchen verwechselt hatte. Es war neun Uhr morgens und die Sonne schien bereits so grell, dass sie uns blendete. In der Bahnhofstoilette gab es keine Trennwände, nur ein Loch im Boden, über dem hockten die Frauen in einer Reihe, scherzten und lachten. Kulshat und ich verließen das Bahnhofsgebäude Richtung Stadt. Die Straßen waren umbenannt worden, und wo genau unsere Engels-Straße war, konnte ich jetzt nur versuchen zu erahnen. Ich horchte mit aller Kraft in mich hinein: War da in mir drinnen noch ein Gefühl, das mir sagte, wo ich langgehen sollte? Es war, als hätte der Geruch der Heimat das Gedächtnis meines Kinderkörpers gleichsam wieder zum Leben erweckt, er konnte sich in diesem Raum orientieren. Schließlich war ich mit meiner Mutter häufig vom Bahnhof zu Fuß nachhause gelaufen. Mir schien, als ginge es erst etwas nach links und dann geradeaus. Und nun durch den Park. Genau, da ist er, der Park der Eisenbahner, der in Teerosen zu versinken scheint. »Macht einen Bogen drum, da gibt es jede Menge Drogensüchtige!«, warnt meine Mutter am Telefon.

Wir biegen in die Kunaev-Straße ein. Ich *weiß* es zwar noch nicht, aber ich *spüre*, dass wir auf dem richtigen Weg sind. Die einfachen dörflichen Häuser werden allmählich von nicht besonders hohen heruntergekommenen urbanen Gebäuden abgelöst. Dieser Teil der Stadt ist verhältnismäßig grün. Irgendwo hier müsste er sein, der rote Backsteinbau, in dem wir bis zu unserem Umzug nach Norden wohnten. Nicht das da, das erste Gebäude, das mit dem Fenster zur Steppe, sondern das zweite, auf der gleichen Straßenseite. Meine Mutter und ich waren dorthin gezogen, nachdem Vater uns verlassen hatte; das Geld hatte hinten und vorne nicht zum Leben gereicht, deshalb waren wir gezwungen gewesen, die Dreizimmerwohnung gegen eine kleinere Zweizimmerwohnung zu tauschen, wofür wir noch etwas obendrauf bekamen. Wie sich herausstellte, hatte das Gebäude – anders als in meiner Erinnerung – nur drei Stockwerke und nicht vier.

Und auch das Haus, in dem wir zuerst gewohnt hatten, in der Engels-Str. 2, hatte bloß drei Etagen, obwohl ich felsenfest davon überzeugt gewesen bin, dass es vier Stockwerke hatte. Es befand sich ganz in der Nähe, buchstäblich ein Haus weiter. Überhaupt ist dort alles ganz in der Nähe. Ich ging ins Treppenhaus, beschloss aber, nicht an die Wohnungstür zu klopfen. Auf dem zum Schutz vor der Sonneneinstrahlung mit Farbe angestrichenen Fenster im Eingangsbereich hatte jemand folgende Aufschrift hinterlassen: »Genossen! Raucht und vermüllt Euer Zuhause und zerhaut Euer Geschirr«, daneben war ein Blümchen gemalt. Im Hof wuchs Mohn. An der Seitenwand des Gebäudes war Kulshat auf ein Gemälde aufmerksam geworden: große schwarze Engelsflügel samt Heiligenschein in der für einen Menschen passenden Größe. Ich stellte mich so davor, dass der Heiligenschein über meinem Kopf und die Flügel dort waren, wo sie hingehörten, und machte ein Foto. Schließlich war das mein Engel. In diesem Moment spürte ich, dass ich zum ersten Mal in meinem Leben so richtig glücklich war, fast wären mir die Tränen gekommen, so unendlich glücklich war ich.

Hinter dem Haus begann, wie man erwarten durfte, die Steppe, aber eines Erdwalls wegen, auf dem Pferde weideten, konnte man sie nicht sehen. Wir beschlossen, nicht weiter in diese Richtung zu gehen, und kehrten zur Kunaev-Straße zurück. Passanten – derer gab es dort zwar nur wenige, aber sie alle waren sehr freundlich – fragten, wonach wir suchten. Ob es nicht hier in der Nähe, über die Straße rüber eine Schule gäbe? Natürlich gibt es die, das ist die Makarenko-Schule.[11] Sie waren neugierig geworden, woher wir kommen.

»ICH BIN VON HIER.«

»Ihr seid aus Ču?«

»Ja«.

Wir gingen über die Straße zur Schule, da hatte meine Mutter als Lehrerin gearbeitet. Das war eine ihrer vielen Anstellungen gewesen: Wir waren arm, sie war gezwungen, mehrere Jobs zu haben, und musste die ganze Zeit alles unter einen Hut bringen. Manchmal nahm sie mich mit in den Unterricht. Ich saß in der hinteren Bankreihe, knabberte an einer riesigen reifen Tomate und betrachtete mit Bewunderung die Achtklässler in ihren Schuluniformen. Zu unserem Erstaunen kam Kulshat und mir plötzlich aus dem Gebäude gegenüber eine Gruppe Jugendlicher in genau den gleichen sowjetischen Uniformen von damals entgegen, nur waren die Schürzen der Mädchen nicht schwarz wie an Werktagen, sondern weiß wie an Festtagen. Es war, als befänden wir uns in einer Zeitmaschine und wären in das Jahr 1984 zurückgereist. Die Schüler liefen in Reih und Glied und sangen das Lied »Katjuša«.[12] Auch ich hatte es schon zusammen mit anderen Kindern gesungen – im Kindergarten, der irgendwo hinter der Schule sein musste. Wie sich herausstellte, waren die Schüler beim Proben: Die Schule traf Vorbereitungen für die Aufführung zu Ehren des 9. Mai, des Tages des Sieges. Einer der Jungs kam zu uns gelaufen und fragte, ob wir eine Wanderung machen wollten (wir trugen Rucksäcke).

Der nächste Punkt auf unserer Route war der lärmende Basar unter freiem Himmel, wo ich mir eine leuchtend bunte *Korpeška,* eine traditionelle kasachische Flickendecke, und eine kleine alte Phiale, eine Teeschale mit roten Ornamenten kaufte. Etwas aus Ču, das ich immer bei mir behalten werde. Materielle Gegenstände, die mir unbestreitbare Beweise sind, dass es diesen Tag wirklich gegeben hat. Seinen Erinnerungen kann man niemals zu 100 Prozent trauen, das weiß ich. Aber die materiellen Dinge verbinden uns mit unserer Vergangenheit, sie sind eine Art Kanal, der aktiviert wird, sobald wir sie betrachten, berühren. Etwa wenn wir 2019 in Petersburg sitzen und Tee aus einer kleinen, aus sowjetischen Zeiten stammenden Phiale aus Ču trinken.

Nach dem Basarbesuch machten wir uns auf den Weg in das Nachbardorf Novotroickoe (heute heißt das Aul Tole Bi), dort hat meine Mutter für die »Ču-Taler« Zeitung gearbeitet, die heute nicht mehr existiert. Das Redaktionsgebäude konnten wir nicht finden, aber zumindest flanierten wir auf der neuen *Allee des Ruhmes*, errichtet zu Ehren des Sieges im Großen Vaterländischen Krieg. Die Allee führte uns bis zu dem Fluss Ču, am Ufer gegenüber badeten Kinder im Fluss, während an diesem Ufer eine riesige Herde Schafe und Ziegen weidete. Ich war ihnen wohl zu nah gekommen, und so rannten die Tiere so lange hinter mir her, bis der *Čaban* auf seinem Pferd sie zurückgetrieben hatte.

Danach fuhren wir mit der Eisenbahn in die andere Richtung. An diesen Orten waren meine Mutter und ich wahrscheinlich nie gewesen. Ein wunderschönes, zauberhaftes Tal. In einer der Jurten am Straßenrand reichte man uns frischen Kumys, frische Stutenmilch. Wir liefen durch die Steppe, sie war rot vor lauter Mohnblumen. Dazwischen wuchsen noch eine andere sehr zarte Pflanze und kleine weiße Blümchen, aber durch dieses pflanzliche Netz hindurch konnte man deutlich sehen, wie trocken und rissig die Erde hier war. Ich berührte sie und sagte zu mir: »Das ist meine Erde, meine Heimat.« Obschon das natürlich, strenggenommen, nicht *meine* ist. Meine Erde ist laut meinem Pass russisch, und die hier ist kasachisch. Die Grenze zwischen jener und dieser Erde durchzieht nicht nur diese Steppe. Sie durchzieht mein ganzes Leben, sie teilt es in zwei Hälften. Die eine Hälfte befindet sich hier, wo ich jetzt bin, und die andere bleibt für immer dort, inmitten der Blumen.

Surgut

Ich komme aus Surgut.[13] Einer Ölstadt. Sie liegt knapp
vor dem Polarkreis, aber schon innerhalb der Perma-
frostzone, genau wie Koževnikovo am Ob, allerdings
viel höher im Norden. Wir waren 1985 aus Kasachstan
dorthin gezogen; ich war gerade sieben geworden. Mit
unserer Mutter waren wir mit der Eisenbahn durch
ganz Kasachstan gefahren, dann einmal durch ganz
Sibirien von Süden nach Norden. Lange war die graue
Steppe mit ihrem Horizont im Zugfenster vor uns her
gerast, bevor sie endgültig aus unserem Gesichtskreis
verschwunden war.

Surgut empfing uns mit der rauen und für den Übergang von Taiga in Tundra eigentümlichen Landschaft.
Am auffälligsten waren die merkwürdigen nackten,
knorrigen Zwergkiefern – als wären sie in schamani-
scher Trance erstarrt, standen sie inmitten der gelblichen Torfmoore. Es war Juni. Und unmittelbar im
Anschluss an die Eindrücke, welche die üppig blühen-
de und zu dieser Zeit von Sonne überstrahlte Čui'sche
Oase hinterlassen hatte, wirkte der Norden karg und
rau, trotz der weißen Nächte. Die dort wirklich weiß
sind. Da gibt es keine Sonne und keinen Mond, son-

dern ringsherum nur einen durch und durch weißen Himmel – so sind mir die weißen Nächte im Gedächtnis geblieben. All unsere Habseligkeiten hatten wir in Kasachstan zurückgelassen und waren mit leeren Händen hier angekommen. Noch nicht einmal Vorhänge hatten wir und in der ersten Zeit auch kein Geld, um welche anzuschaffen. Und so lagen wir zu viert (meine Mutter, meine Schwester, mein Vater, der für eine Weile zur Familie zurückgekehrt war, um sie dann für immer zu verlassen, und ich) in dem einzigen Zimmer unserer neuen winzigen Wohnung in dem Einraumwohnungshaus in der 50-Jahre-Komsomol-Straße[14] und blickten in die ungewohnte Weiße der Nacht, während uns die Stechmücken am Schlaf hinderten.

In diesem armseligen grauen Haus ohne Balkone verbrachte ich meine gesamte Schulzeit. Durch die Fenster fiel der Blick auf ein bis ins kleinste Detail identisches Gebäude und auf eine Müllkippe, in der die Armen und die Obdachlosen auf der Suche nach Essbarem herumstocherten. Sobald man durch das Fenster sah, erblickte man irgendwo weiter hinten, dort bei einem großen Müllcontainer einen herumliegenden Menschen – das konnte ein Toter sein oder ein Besoffener. Damals gab es überhaupt sehr wenig zu essen, sogar in den Häusern der Reichen. Besonders schlimm war die Situation Ende der 1980er-, Anfang der 1990er-Jahre. Aber unsere Mutter schaffte es immer wieder, etwas aufzutreiben: Fleisch, Butter, Zucker, eingelegte süße Paprika, Kirschkompott oder Sguščenka, das ist gezuckerte Kondensmilch. Sofort nach unserer Ankunft in Surgut hatte sie Arbeit gefunden, in der Redaktion der Zeitung »Zum Sieg des Kommunismus« – die nur wenige Jahre später, nachdem die sowjetische Macht abgelöst und das Wort »Kommunismus« zum Schimpfwort geworden war, umbenannt wurde in »Surgutskaja Tribuna«;[15] – und unsere Mutter hatte sogleich viele neue Freundschaften geschlossen.

Im August gingen wir immer in den Wald, erst sammelten wir Schwarzbeeren, dann Preiselbeeren, und im September, mit dem ersten Schnee, gingen wir ins Moor, um Moosbeeren zu sammeln. Wie Moosbeeren wachsen, ist äußerst einprägsam: Es sieht aus, als habe jemand die Beeren auf dem gelblichen Moos verstreut. Man hockt sich hin und sammelt die roten, auf den Erdhügeln verstreuten Perlen ein, während einen der berauschende Duft des Sumpfporstes[16] allmählich einlullt. Zuhause überzuckerten wir die Beeren und verstauten sie in dem Holzkasten hinter dem Fenster, der uns im Winter als Gefrierkammer diente. Hatte es in Ču fast nie geschneit – abgesehen von dem außergewöhnlich kalten Winter 1984, als auch bei uns alles drohte im Schnee zu versinken und die Heizungen der Reihe nach platzten –, so fiel der Schnee in Surgut bereits im September und blieb bis in den Mai hinein liegen. In den Wintermonaten fiel die Temperatur bisweilen auf minus 48 Grad Celsius: An solchen Tagen konnte man wegen des dichten Nebels praktisch nichts sehen und der Unterricht in der Schule wurde verschoben.

An die langen, dunklen und frostreichen Winter hatte ich mich schnell gewöhnt und auch daran, dass man gleich zwei Paar warme Hosen übereinander anziehen musste. Erst war ich Oktoberkind, dann wurde ich Pionier und trug das rote Pionierhalstuch, das ich jeden Morgen vor der Schule mit zischendem Bügeleisen glattbügelte. Die sowjetische Pionieruniform (weißes Hemd und grauer knielanger Rock) gefiel mir ganz und gar nicht. Ich wollte etwas Aktuelles, Modisches anziehen, einen sehr kurzen – Minirock, so einen, wie die Sängerinnen im Fernsehen. Ich besaß zwei solche Röcke. Einen hatte meine Mutter aus alten Jeans für mich gemacht, den zweiten aber hatte ich selbst mit meinen eigenen Händen im Handarbeitsunterricht in der sechsten Klasse genäht. Im August 1991 machte ich mich in meinem selbstgemachten Rock auf den Weg, um eine Schulfreundin zu besuchen, die ebenfalls in der 50-Jahre-Komsomol-Straße wohnte. Wie sich herausstellte, war meine Freundin nicht zuhause, und an diesem Abend hatte ich wirklich kein Glück: ich wurde vergewaltigt. Spät und verheult kam ich nachhause; meine Mutter erstattete Anzeige bei der Polizei, der Mann wurde schnell gefasst und festgenommen, mein Miniröckchen aber legte man als Beweismittel in eine kleine spezielle Schachtel.

Zehn Tage nach diesem Vorfall begann in Moskau der sogenannte Augustputsch, auf den der sofortige Rücktritt Gorbačevs, die Auflösung der kommunistischen Partei und der endgültige Zerfall der UdSSR folgten. Am 22. August wehte über dem Weißen Haus erstmals – statt der roten sowjetischen – eine neue Flagge: die russländische Trikolore. Als im September die Schule wieder begann, gab es schon keine Pionieruniformen mehr. Und wir alle lebten plötzlich in einem neuen Land. Für mich sind diese beiden Ereignisse, das persönliche und das politische, in gewisser Weise zu einem einzigen Punkt, einem *point of no return*, verschmolzen: mit einem Schlag war meine sowjetische Kindheit zu Ende, als habe sich plötzlich eine undurchdringliche Mauer drum herum aufgetürmt, welche die Vergangenheit mitsamt ihren Hoffnungen, Erwartungen und Fragen für immer und ewig einschloss.

Die frühen 1990er-Jahre in Surgut waren schrecklich.[17] Gewalt, Tod, Drogen und Alkohol: all diese Dinge wurden für mich zu einer allgegenwärtigen, alltäglichen Erfahrung. Mein 13., 14. und 15. Lebensjahr sind für mich zu einem einzigen angsteinflößenden, ununterscheidbaren Ganzen verklumpt, aus dem ich mich irgendwie selbst herausmanövrieren musste. Und letzten Endes ist mir das wahrscheinlich sogar gelungen, zumindest einigermaßen. In dieser Zeit hatte sich in meinem Innern ein grauenhaftes, gesichts- und namenloses Ungeheuer ausgebildet, das mich allmählich von innen auffraß. Immer wieder bekam ich es etwa mit Angstzuständen wie dem folgenden zu tun: Dann war mir, als bohrte es seine gelben Hauer direkt in meine Brust – mein ureigener Wahnsinn, meine ureigene Grausamkeit. Im Sommer 1994, sofort nach dem Abschluss des Gymnasiums verließ ich Surgut. Gemeinsam mit einer Schulfreundin machte ich mich auf den Weg nach Moskau. Unsere Mütter brachten uns zum Zug, noch lange, nachdem sich der Zug in Bewegung gesetzt hatte, winkten sie uns vom Bahnsteig hinterher. Ich spürte eine Art Befreiung, insgeheim hatte ich beschlossen, nie mehr zurückzukehren.

Natürlich fuhr ich später hin und wieder nach Surgut, aber nicht für immer und nicht, um dort zu leben: Ich verbrachte die Ferien dort, arbeitete im Sommer bei meiner Schwester im Radio oder bei meiner Mutter in der Redaktion des Fachblattes »Der Arbeiter in der Gasindustrie«. Im Lauf der Zeit zog auch meine Mutter irgendwann nach Moskau, und meine Reisen nach Surgut wurden immer seltener, aber das dunkle, graue Haus in der 50-Jahre-Komsomol-Straße konnte ich nie ganz hinter mir lassen: In immer wiederkehrenden Alpträumen befand ich mich wieder und wieder darin und öffnete die Tür, hinter der sich das Dunkel einer beklemmenden Wohnung auftat, während ich Stockwerk um Stockwerk nach oben ging, blickte ich aus dem Fenster im Treppenhaus nach unten. Aus diesem Treppenaufgang gibt es keinen Ausweg: In der vierten Etage ist nicht unsere, sondern die grauenhafte Wohnung, und tief unten zwischen den Treppenabsätzen tut sich gähnend das Kellergeschoss auf; ich sah oder zumindest war mir, als sähe ich, wie in dem gähnenden Schlund nackte, besoffene Körper einander befummeln, zwei Männer und eine Frau, aber im Traum ist da immer nur ein schwarzes Loch, und wie in allen Treppenhäusern kein Lebewesen weit und breit, denn ringsherum gibt es nur eine einzige grauenvolle Anwesenheit, die alles verschlingt. Und das ist die Anwesenheit von mir selbst, DAS BIN ICH.

Es war schon eine ganze Weile her, dass ich das letzte Mal in Surgut war, etwa 20 Jahre. Aber dann wurde ich im Sommer 2018 zur Sommerschule nach Tjumen' eingeladen. Von Tjumen' nach Surgut sind es nur 800 Kilometer, eine Eintagesreise mit dem Zug – warum also nicht. Erstens lebt meine Schwester in Surgut. Zweitens kann man seine Vergangenheit nicht einfach so hinter sich lassen; man muss versuchen, sich mit ihr zu arrangieren, sich mit ihr anfreunden, auf

Du und Du mit ihr sein. Hatte ich beschlossen. Drittens habe ich in Wirklichkeit an diesen Ort mehr gute als schlechte Erinnerungen. Die Erinnerungen an Schlechtes oder Schreckliches, an Tod und Schuld sind nur Bruchstücke: ich habe sie verdrängt, so gut es ging, obschon ich einige Szenen immer noch deutlich vor Augen habe. Dafür sind nun die schönen Erinnerungen an die Oberfläche getreten. Erinnerungen daran, was die Gegend ausmacht. An Dinge, die ich zwanzig Jahre vermisste, wenn ich auf die Frage »Wo kommst du her?« antwortete, »ich komme aus Surgut«.

Abgesehen von den knorrigen Kiefern sehnte ich mich nach dem schweren Himmel des Nordens, er hängt so tief, dass es an den nebeligsten Tagen fast scheint, als würde er einem auf den Kopf fallen. »Der Himmel ist bleiern«, sagte meine Mutter dann, ich hingegen liebte es, wenn die Wolken so nah waren. Die Leute im Norden sehen beim Gehen zu Boden, weil die Sonne ob des niedrigen Himmels nicht hoch über dem Kopf, sondern ihnen fast direkt gegenübersteht, obwohl sie ganz und gar nicht grell ist; meist ist sie ein kleiner, ein diffuser verschwommener weißlicher Ball. Nachts war der Himmel flammrot erleuchtet wegen der vielen Fackeln, die das Begleitgas der nahe gelegenen Lagerstätten verbrannten. Abends kamen in unserer beengten Wohnung Gäste zusammen, jeder setzte sich da hin, wo es sich ergab; meine Schwester spielte auf der Gitarre und sang Vladimir Vysockijs Lied »Beda«, auf Deutsch: »Not«, und alle anderen stimmten mit ein.

Meine Mutter musste häufig auf Geschäftsreisen in der näheren Umgebung und nahm mich mit. Frühmorgens standen wir auf und fuhren noch in der Dunkelheit zum Hubschrauberlandeplatz, dann stiegen wir zusammen mit den Werktätigen in den Hubschrauber und flogen mal zu einer der Gaskompressionsstationen, mal zu einer Nomadensiedlung oder einem sogenannten *nationalen Rentierzüchter-Dorf*.[18] Surgut ist auf Sümpfen und Mooren gebaut, Straßen gibt es wenige, deshalb ist es gang und gäbe, mit dem Hubschrauber ins Umland zu fliegen. Da man uns an schwer zugänglichen Orten auflas, stellten die Hubschrauber die Flugblätter nicht ab, man musste also mit ganzer Kraft dagegenhalten und sich zu Boden ducken, damit der Wind einen nicht mitriss; besonders schwierig war das im Winter bei Glatteis, der Lärm war zudem so gewaltig, dass die Venen in den Schläfen zu zerspringen schienen. Beim Einsteigen kletterten wir erst eine kleine Rampe empor, dann trugen wir uns in ein spezielles Notizbuch ein, falls es zu einem Unfall kommen würde. Manchmal nahmen wir sogar die Katze mit, wenn wir nicht wussten, wohin mit ihr; die Katze saß dann geduldig bei meiner Mutter auf dem Arm, mit weit aufgerissenen Augen und angelegten Ohren.

Ich klebte an dem runden Bullauge und sah von einer Höhe, die etwas über der Flughöhe der Vögel lag, hinunter auf die leuchtenden gelbbläulichen Torfbrüche des endlosen Nordens.

Manchmal stellte ich mir vor, wie ich später einem Jungen aus Moskau von Surgut erzählen würde. Natürlich würde er mir das alles nicht glauben, schließlich gibt es sowas in echt ja gar nicht. Auch ich selbst traute dem allen nicht so ganz, alles erweckte den Eindruck des Unwirklichen, einschließlich der blassen matten Sonne, dem gleichsam von einem Himmel voller Fackeln herrührenden kaum wahrnehmbaren Dröhnen, von dem man nicht wusste, woher es kommt, und natürlich dem Erdöl. Ich stellte mir vor, dass das Erdöl aus Dinosauriern gewonnen wird, und malte mir dann den umgekehrten Prozess aus: nämlich wie der langgezogene, wulstige, vollkommen schwarze Hals eines prähistorischen Monsters mit seinem kleinen Kopf emporwächst aus dem Erdölsumpf. Ich sah die Erdölteppiche und die ausgebrannte schwarze Erde ringsum – die schwarzen Baumstämme, das schwarze Moos, die schwarzen Moosbeerensträucher. Der Junge, in den ich in den ersten Schuljahren verliebt war, wurde später Erdölarbeiter und kam ums Leben, als er von einem der Bohrtürme stürzte.

Die nicht im Norden gelegenen Gebiete Russlands hießen bei den Surgutern DIE GROSSE ERDE: da –

ja da, ist wahrscheinlich alles echt – auch die Jugend, und die Liebe, und die Lieder auf der Gitarre im Hof. Aber hier, bei uns, nichts als Einsamkeit, Permafrost, Erdöl und Moor, kein fester Boden unter den Füßen und keine klaren Unterteilungen. Wo der Wald aufhört, beginnt gleich die Tundra, das undurchdringliche Moor, hinter dem Moor liegt der ehemalige Gulag, die verschneite Ebene, der Busen des Ob und noch weiter weg das Ende der Welt – das graue und kalte Nordpolarmeer (obgleich ich es nie mit eigenen Augen gesehen habe, spürte ich, wie nah es war). Hier gab es kein Gesetz, keine Regeln, keinen festen Halt und: keine Hoffnung, hier war nichts. Das hat etwas – etwas, das auch zu mir gehört.

In der Sommerschule für Philosophie in Tjumen', die Igor Chubarov und Aleksandr Vilejkis organisierten, hielt ich eine Vorlesung über Erdöl;[19] ich betrachtete es im Zusammenhang mit dem Unbewussten, mit unserer fossilen Vorvergangenheit und dem tief Vergrabenen: die schwarze Substanz als Verkörperung und als Rückkehr verdrängter Erinnerungen der Erde. Als die Sommerschule schließlich zu Ende gegangen war, stieg ich in den Zug Richtung Norden. Diese Strecke kenne ich sehr gut: Von der GROSSEN ERDE in unsere Gegend ist nur diese eine Bahnstrecke verlegt worden; die Endhaltestelle heißt Novyj Urengoj. Die Haltestellen tragen sowohl sowjetische als auch alte ostjakische Namen: Junost' Komsomol'skaja, Dem'janka, Salym, Kut'-Jach, Pyt'-Jach, Ul't-Jagun, Kogalym, Nojabr'sk und Purpe. 1985 waren wir mit dem gleichen Zug nach Surgut gefahren, und später war ich mit ihm viele Male als Studentin allein von Moskau drei volle Tage hin und wieder zurückgefahren.

Der Höhepunkt des Streckenabschnittes ist die Eisenbahnbrücke über den Ob, direkt vor der Einfahrt nach Surgut. Ich war noch ein Kind, als ich die Brücke das erste Mal sah, damals war ich ganz außer mir gewesen: An dieser Stelle ist der Fluss so breit wie ein Meer – das andere Ufer ist nicht zu sehen. Der Zug raste lange und mit Getöse auf der Brücke über das Wasser. Auf keinen Fall darf man sich die geheimnisvolle Insel in der Mitte des Ob entgehen lassen. Ich trinke starken Schwarztee aus einem geschliffenen Glas in einem typischen Teeglashalter mit Griff und blicke aus dem Fenster. Da ist die Insel ja schon, sie ist noch da. Das Fluss-Meer ist genauso schwindelerregend wie eh und je. Hinzu kommt, dass man in den Jahren, in denen ich nicht hier war, direkt neben der Eisenbahn- noch eine neue Hängebrücke für Autos gebaut hatte, die Surguter Straßenbrücke, eine der längsten Brücken in ganz Russland: mit einer Länge von mehr als 2 km. Zu meiner Zeit gab es keine Automobilverbindung mit der GROSSEN ERDE – lediglich während des Sommers eine Fährverbindung, während man im Winter einfach mit dem Auto über das Eis fuhr. Allmählich nimmt die Dunkelheit zu; meine Schwester sitzt sicher schon am Steuer, sie ist auf dem Weg, um mich vom Bahnhof abzuholen; der Zug nähert sich der Stadt, die Stadt ist umgeben von einem in der Dunkelheit leuchtenden Kreis aus Gasfackeln.

Surgut ist nun durch und durch modern. Die lebensbejahende und lakonische sozialistische Architektur wurde von einer mehrstöckigen Bauweise verdrängt. Anstatt meines geliebten, hinter dem *Park der Erdölarbeiter* liegenden Waldes, der direkt aus dem Stadtzentrum ins Nirgendwo führte – eine Art Tor zur Unendlichkeit –, gibt es nun eine Schnellstraße ins Umland. Trotzdem ist die Stadt schön; einiges ist noch so, wie es früher war. Meine Schwester besuchte mit mir den Botanischen Garten hinter dem Fluss Sajma. Zu meiner Zeit gab es da keinen botanischen Garten, sondern einfach ein Stück wilde Natur und Wald, wohin alle – fast genauso wie heute – hingingen, um einen Spaziergang zu machen. Jetzt hat man den Wildwuchs kultiviert und Wege angelegt. Als engagierter und gesellschaftlich aktiver Mensch hat sich meine Schwester lange dafür eingesetzt, dass dieser Ort nicht asphaltiert wurde.

Die 50-Jahre-Komsomol-Straße befindet sich unweit des Zentrums, im Wohngebiet »Bauarbeiter«. Dort gab es schon immer ein großes Kaufhaus, ein Haus der Kultur sowie einen Sportkomplex mit Schwimm-bad und Restaurant. Nachdem ich all diese Stationen auf meiner Route mehr oder weniger an ihrem Platz vorgefunden hatte, folgte ich dem Weg, an den ich mich sehr gut erinnern kann. Rechts rein in den Hof – die kleine Kinderbibliothek, wo ich einmal nach dem Buch »Der wilde Hund Dingo« gefragt hatte, man es mir aber nicht gegeben hatte, weil ich noch zu klein dafür war. Links – meine alte Schule. Geradeaus – die Häuser mit den Einraumwohnungen. Ich fand meines. Am Ein-gang war nun eine Eisentür mit Codeschloss. Ich stand eine Weile im Eingangsbereich (früher gab es da einen kleinen Laden, aber heute war da nichts) und schlüpfte mit jemand, der mich misstrauisch musternd die Tür öffnete, zusammen in das Gebäude.

Im Innern des Treppenhauses war alles grünlich: grüne Wände, Fenster aus grünen Glasziegeln, durch die ein fantastisch anmutendes grünes Licht drang; während ich die Treppe hinaufging, hielt ich mich am Handlauf fest und stieg immer höher bis zu der Tür, die zu der mir Angst einflößenden Wohnung gehörte, meine Beine waren zittrig und mir schwindelte der Kopf. Immer höher ging ich hinauf bis in den vierten Stock, jeden Treppenabsatz unterzog ich einer genau-en Prüfung. Ich konnte keinen von meinem eigenen Gedächtnis unabhängig existierenden Alptraum ent-decken. Ich habe keine Angst mehr. Das hier ist meine

Vergangenheit, mein Haus; es ist materiell; die dunkle böse Macht, die ihm innewohnt, ist Teil von mir, sie geht von mir und nicht von diesem Haus mit seinen grünen Fenstern aus. Sie ist Teil meines Körpers, genau wie das in mir pulsierende Blut. Alles auf der Welt ist gut und böse, sehr gut und sehr böse.

Wie macht man das, von hier sein

Im sowjetischen Schulunterricht hat man uns gelehrt, jeder Mensch habe zwei *Heimaten*: eine kleine Heimat und eine große Heimat. Die kleine Heimat, das sei seine Heimatstadt oder sein Heimatdorf, die *große Heimat* aber sein Heimatland. Die kleine Heimat und die große Heimat befinden sich auf zwei unterschiedlichen Ebenen: Auf der einen sind wir als Lebewesen mit einem bestimmten Ort, auf der anderen indes als Bürger gewissermaßen symbolisch mit einem bestimmten territorialen Ganzen verbunden. Dieses Ganze ist sowohl in seiner Form als auch bezogen auf seinen Inhalt veränderlich. Die Grenzen dieses Ganzen können neu gezogen oder verschoben werden, schließlich steht die *patriotische Maschine* nie still: Nachdem meine große Heimat – die UdSSR – nicht mehr existierte, war es, als sei gemeinsam mit ihr gewissermaßen auch meine kleine – Kasachstan – verschwunden, auch sie erschien mir nun fremd. Dasselbe Schulsystem lehrte uns seither und künftig, das neue Land – Russland – zu lieben. Diese didaktische Spannung konnte der Aufmerksamkeit der konzeptualistischen Künstler selbstverständlich nicht entgehen.

2005 filmte Dmitrij Prigov zusammen mit Iraida Jusupova und Aleksandr Dolgin die *mediaopera* »Rossija« (»Russland«)[20]: Im Hintergrund läuft meditative Musik, hie und da sind russisch-folkloristische Elemente eingeflochten; Prigov bemüht sich redlich, einen Kater dazu zu bringen, gemeinsam mit ihm das Wort »Russland« zu sagen. Der Kater sträubt sich und nimmt immer wieder Reißaus; während der Künstler ihn ein ums andere Mal zurückholt, um einen neuen Versuch zu starten, dem Kater das Wort doch noch zu entlocken. Wahrscheinlich fühlte ich mich ein wenig wie dieser Kater: Ich konnte zwar damals – und kann auch jetzt – das Wort Russland sagen, allerdings kam dies Wort von irgendwo weit her in meine Sprache und hatte Schwierigkeiten sich einzuleben.

Der Ausdruck »wir werden dich lehren, die Heimat zu lieben« klingt in der russländischen Kultur[21] wie eine Drohung. In erster Linie weckt die Wendung Assoziationen wie: Gewalt, üble Rekrutenschikane der Neulinge beim Militär, Folter in Strafkolonien und Untersuchungsgefängnissen. Doch je häufiger und nachdrücklicher einem die patriotische Erziehung in Erinnerung gerufen wird, desto näher ist der Krieg. Zu solchen Zeiten wird die große Heimat zum Oberbegriff für ein ideologisches Narrativ, das unterschiedliche Elemente zu einem einzigen Gedankenkomplex zusammenschließt. Dann werden die einzelnen Elemente wiederum dem Territorium sowie der Bevölkerung emotional aufoktroyiert. Die Heimat mobilisiert, die Heimat appelliert an die Menschen, sich geschlossen gegen den realen oder imaginären Feind zu erheben. Im Pantheon der sowjetischen Ideologie war, wie Irina Sandomirskaja feststellt, *Mutter Heimat* eine der führenden Gottheiten, wenn Menschenopfer verlangt werden.[22] Im Rahmen dieses Narratives wird der Tod im Krieg, der Heldentod, als heiliges Opfer betrachtet. Eine Rhetorik dieser Art nimmt hierzulande genau wie in vielen anderen Staaten immer dann Fahrt auf, wenn ein Staat im Begriff ist, in den Zustand der Mobilmachung zu einem Krieg überzugehen.

Immer dann, wenn der Staat von seinen Bürgern die Bereitschaft einfordert, für ihn zu sterben, bezeichnet er sich selbst als Vaterland oder Heimat, wie Bertolt Brecht wusste. Als er 1916, noch als Gymnasiast, einen Aufsatz verfassen sollte zu dem nach Horaz benannten Thema »Dulce et decorum est pro patria mori« (»Süß und ehrenwert ist es fürs Vaterland zu sterben«), schrieb er:

Der Ausspruch, daß es süß und ehrenvoll sei, für das Vaterland zu sterben, kann nur als Zweckpropaganda gewertet werden. Der Abschied vom Leben fällt immer schwer, im Bett wie auf dem Schlachtfeld, am meisten gewiß jungen Menschen in der Blüte ihrer Jahre. Nur Hohlköpfe können die Eitelkeit soweit treiben, von einem leichten Sprung durch das dunkle Tor zu reden, und auch dies nur, solange sie sich weitab von der letzten Stunde glauben.[23]

Beinahe wäre er dafür vom Gymnasium geflogen.

Wüssten wir nicht, mit wem wir es hier zu tun haben, liefen wir leicht Gefahr, irrtümlich falsche Schlüsse zu ziehen und die Ausführungen des jungen Dramatikers als Ausdruck seiner Gleichgültigkeit oder als Fehlen jeglichen Patriotismus zu interpretieren (unabhängig davon, wie wir selbst dazu stehen mögen). Brecht jedoch war nicht nur ein hochgradig engagierter Schriftsteller, er war Kommunist und Antifaschist. Der Grund dafür, dass ihm die offizielle patriotische Lesart und die Ideologie des seinerzeit rasant in Deutschland um sich greifenden Militarismus ganz und gar nicht gefielen, war nicht, dass er dachte, Heimat sei nichts anderes als ein Mythos, erfunden von nach Kanonenfutter gierenden Propagandisten. Die Heimat lässt sich nicht einfach so mit dem Staat oder gar dem Territorium eines Staates gleichsetzen, auf das die offiziellen Vertreter dieses Staates – in der Sprache Brechts: die Unterdrücker – ihre Pratze gelegt haben. Die Heimat ist eben nicht identisch mit dem Staat und auch nicht mit dem Führer. Die Staatsmacht eignet sich diesen Namen zu Unrecht an, schließlich ist sie es, die sich mit der Heimat identifiziert, und sie ist es auch, die aus der Heimaterde Grundeigentum macht und aus der Bevölkerung das Volk eines Staates. Und dann setzt sich die Maschine der Unterdrückung und Gewalt mit ihrer falschen und schwülstigen Rhetorik in Gang: dann werden alle anderen für dumm verkauft, dann werden aus den Menschen Hurra krakeelende Patrioten und Nazis gemacht. Wenn du deine Heimat dieser ideologischen Maschine zum Trotz liebst, musst du das Risiko in Kauf nehmen, die Dinge beim Namen zu nennen.

1933 wandte sich Brecht aus dem Exil an seine Genossen, an die deutschen Antifaschisten. Er hatte eine Flugschrift mit dem Titel »Fünf Schwierigkeiten beim Schreiben der Wahrheit« verfasst. Diese Schrift ist eine Anleitung für alle, die sich für die Wahrheit entscheiden, dafür, die Wahrheit in einer Welt auszusprechen, in der die Lüge das Sagen hat:

> Wer heute die Lüge und Unwissenheit bekämpfen und die Wahrheit schreiben will, hat zumindest fünf Schwierigkeiten zu überwinden. Er muß den *Mut haben*, die Wahrheit zu schreiben, obwohl sie allenthalben unterdrückt wird; die *Klugheit*, sie zu erkennen, obwohl sie allenthalben verhüllt wird; die *Kunst*, sie handhabbar zu machen als eine Waffe; das *Urteil*, jene auszuwählen, in deren Händen

sie wirksam wird; die *List,* sie unter diesen zu verbreiten. Diese Schwierigkeiten sind groß für die unter dem Faschismus Schreibenden, sie bestehen aber auch für die, welche verjagt wurden oder geflohen sind [...].[24]

Dem fünften Punkt über die List schenkt Brecht besonders viel Beachtung: Zu schreiben habe man so, dass die Wahrheit zwischen den Zeilen lesbar ist.

Was Heimat, Vaterland und Patriotismus ausmacht, erörtern auch Ziffel und Kalle, die Protagonisten in Brechts Dialog »Flüchtlingsgespräche«. Sie trinken Kaffee und tauschen extrem skeptische Ausführungen aus. Der eine bekennt: »Es ist mir immer merkwürdig vorgekommen, daß man gerade das Land besonders lieben soll, wo man die Steuern zahlt.«[25] Der andere vergleicht diese Pflicht mit dem Fehlen einer Wahlmöglichkeit:

Das ist so, als wenn man die lieben soll, die man heiratet, und nicht die heiratet, die man liebt. Warum, ich möcht zuerst eine Auswahl haben. Sagen wir, man zeigt mir ein Stückel Frankreich und einen Fetzen gutes England und ein, zwei Schweizer Berge und was Norwegisches am Meer, und dann deut ich drauf und sag: das nehm ich als Vaterland; dann würd ichs auch schätzen. Aber jetzt ists, wie wenn einer nichts so sehr schätzt wie den Fensterstock, aus dem er einmal heruntergefallen ist.[26]

Wahrlich, ein äußerst scharfsinniges Stück.

Die Russen sagen: »Seine Heimat kann man sich nicht aussuchen.« Und im nächsten Atemzug springen sie aus dem Fenster. Wie viele Emigrationswellen gab es? Es gab die erste, die zweite, die dritte und nun sind wir schon mitten in der vierten Emigrationswelle. Die Menschen gehen fort in ein anderes Land; sie wollen einen neuen Pass und ein neues Leben anfangen. An dem neuen Ort angekommen, packen sie erst ihre Sachen und dann ihr Herz aus: Denn nun ist das ihre Heimat, und diese hat tief im Innern ihres Herzens nicht die geringste Ähnlichkeit mehr mit der von oben verordneten und offiziell aufoktroyierten Gleichsetzung von Macht und Volk, vor der sie geflohen sind. Der in der deutschen Stadt Augsburg geborene Brecht beispielsweise verbrachte fünfzehn Jahre – von 1933 bis 1948 – im Exil. Das Exil nannte er eine höhere Schule der Dialektik; über seine Heimat schrieb er das Folgende:

Ich, Bertolt Brecht, bin aus den schwarzen Wäldern.
Meine Mutter trug mich in die Städte hinein.
Als ich in ihrem Leibe lag. Und die Kälte der Wälder
Wird in mir bis zu meinem Absterben sein.[27]

Das Exil steht zur Heimat in einem Verhältnis der doppelten Negation, es restituiert die Heimat durch sich selbst an einem neuen Ort, an dem es ihr wiederum einen neuen Platz zuweist. Meine Heimat existiert nicht ohne die Meinen, aber sie kann sich zusammen mit ihnen frei über die Welt bewegen. Die Kälte unserer Wälder oder die Weite unserer Steppen tragen wir mit uns. Wenn wir unsere Sachen auch auf neuen Planeten auspackten, holten wir sogleich unsere kleine irdene – aus Ču, von unserem Stück Erde stammende – Schale hervor und platzierten sie an einem für uns gut sichtbaren Ort.

Es fiel mir immer schwer, die Frage zu beantworten, woher ich komme. Was ist meine große Heimat: Russland, die UdSSR oder Kasachstan? Und auch was meine kleine Heimat betrifft, herrscht alles andere als Klarheit. Wir haben oft den Wohnort gewechselt, wie soll man da mit Bestimmtheit sagen können, welcher Ort – und mit welchem Recht und auf welcher Grundlage – als Heimat zu bezeichnen wäre: das Dorf, in dem ich geboren wurde, die Steppe, mit der ich die allerfrühesten, unbeschwerten und kostbarsten Kindheitserinnerungen verbinde, oder die Stadt, in der ich meine gesamte Schulzeit verbrachte? Bis jetzt habe ich am längsten in Moskau gelebt – insgesamt fünfzehn Jahre, aber dass ich aus Moskau komme, käme mir nicht über die Lippen. Moskau gestattet nicht einem jeden Zugezogenen, dort Wurzeln zu schlagen; die eingesessenen Moskowiter sind eine besondere, eine geschlossene Gruppe; wer dazugehört, bestimmt sich qua Geburtsrecht; wir indes werden dort immer Zugezogene bleiben. Aber wer unbedingt will, kann sogar Moskau als seine Heimat betrachten – genau wie jeden anderen Ort, solange er diesem Ort seelisch verbunden ist.

Was bedeutet das, einem Ort seelisch verbunden sein? Aristoteles lehrt, dass es drei Arten von Seele gibt – die pflanzliche (vegetative), die tierische (sensitive) und die menschliche (vernunftbegabte).[28] Als Seele bezeichnete er also nicht das, was nach dem Tod in den Himmel aufsteigt, sondern das, was das Lebendige lebendig macht. Die Pflanze hat im Denken Aristoteles' ausschließlich eine pflanzliche Seele, das Tier eine pflanzliche und eine tierische, der Mensch aber verfügt über alle drei Seelenarten, wobei zumindest die ersten beiden, die pflanzliche und die tierische, untrennbar verbunden sind mit seinem Körper. Die pflanzliche ist zuständig für Stoffwechsel und Fortpflanzung, die tierische für Fühlen und Bewegung, die vernünftige aber für das Denken. Hegel definierte den wesentlichen Unterschied zwischen pflanzlichem und tierischem Leben in Hinblick auf das Merkmal der Bewegung[29]: Sind Pflanzen aufgrund ihres Wurzelsystems an einen bestimmten Ort gebunden, so sind Tiere zumeist vom Boden losgelöst und können ihren Aufenthaltsort wechseln. Dies führt mit Hegel zur Selbständigkeit oder Subjektivität des Tieres, das Tier ist frei in der Wahl seines Ortes. Das Tier kongruiert nicht mit seinem Selbst, es will nicht nur *hier*, sondern auch *dort* sein.[30]

Verbindet man die aristotelische Vorstellung von den drei Seelen des Menschen mit Hegels Bestimmung der Pflanze in Hinblick auf das Merkmal der festen Verwurzelung und derjenigen des Tieres in Hinblick auf das Merkmal seiner Losgelöstheit von der Erde, so kann man sich die tierische und pflanzliche Seele im Menschen als dialektische Gegenpole vorstellen zwischen dem Streben, woanders hinzugelangen, also der Expansion, und dem Verlangen hierzubleiben, sesshaft zu werden und Wurzeln zu schlagen. Worum es geht, ist nicht die Passivität oder die Trägheit, sondern der Ausdruck eines Wunsches anderer Art: In ihrem Sein bringt die Pflanze auf ihre Weise Standfestigkeit und Beharrlichkeit zum Ausdruck, Spinoza nannte das *conatus essendi*. Wenn ich nun zu Ihnen sage, Sie können einen beliebigen Ort zu ihrer Heimat machen, solange Sie mit diesem seelisch verbunden sind, dann denke ich an den Prozess des Wurzelschlagens. Mit der Heimat seelisch verbunden zu sein bedeutet, dass sie Ihren intimsten, Ihren pflanzlichen Teil berührt.

Mit diesem Teil nämlich hängen wir an dem Stück Land, an dem Stück Erde, das wir lieben, aber wir hängen nicht absolut daran. Wenn wir uns davon lösen, stirbt unser pflanzlicher Teil, der einst hier Wurzeln schlug, keineswegs ab; er bewegt sich zusammen mit uns weiter als Erinnerung an die Heimat, sogar wenn es sich dabei um eine Erinnerung an etwas handelte, das wir ganz und gar vergessen hätten, für das es keine bildliche Entsprechung mehr gäbe, sondern nur eine Form pflanzlicher Sensibilität, einer Art nicht näher spezifizierten Samenkorns.

Nehmen wir an, das, was den rationalen Teil der Seele ausmacht, ist, auf eine für jedes menschliche Lebewesen unikale Weise das Schwingen zwischen dem Pflanzlichen und Tierischen zu synchronisieren. Wir lösen uns von einem Ort ab, wir gehen fort, hängen unser Herz an einen anderen Ort, geben auch diesen wieder auf und kehren zu unserem ehemaligen Aufenthaltsort zurück. In ihrem Buch *Was ist Philosophie?* bezeichnen Deleuze und Guattari solche Bewegungen als Territorialisierung (Ausbilden eines Territoriums), Deterritorialisierung (Aufgeben von einem Ort) und Reterritorialisierung (Wurzeln schlagen an einem neuen Ort):

Wir wissen um die Bedeutung jener Aktivitäten bereits bei den Tieren, *Territorien* zu bilden, sie aufzugeben oder zu verlassen, um auf etwas anderem und Andersgeartetem erneut ein Territorium zu erstellen (bei den Ethologen heißt es, der Partner oder Freund des Tieres »kommt einem Zuhause gleich«, oder die Familie sei ein »mobiles Territorium«). Um so mehr gilt dies für den Hominiden: Von Beginn seiner Geburt an deterritorialisiert er seine Vorderpfote, reißt sie los von der Erde, um daraus eine Hand zu machen, und reterritorialisiert sie an Ästen und Werkzeugen. Ein Stock ist seinerseits ein deterritorialisierter Ast. Man muß nur einmal sehen, wie sich jeder, in jedem Alter, im Kleinsten wie in den allergrößten Prüfungen ein Territorium sucht, Deterritorialisierungen erträgt oder durchführt und sich fast an jedem x-beliebigen reterritorialisiert, Erinnerung, Fetisch oder Traum. Die Ritornelle bringen diese machtvollen Dynamiken zum Ausdruck: Ich hab ein Haus in Kanada ..., Muß i denn ... Ja, ich bin's, ich mußte zurückkommen ...[31]

Wichtig ist hierbei ein sehr interessantes Detail. Deleuze und Guattari sprechen nicht vom Wurzelnschlagen. Für sie bestimmen die Territorien, Deterritorialisierungen und Reterritorialisierungen in reiner Form vor allem das Leben von Tieren, obwohl auch sie mit allem auf der Welt verbunden sind, da sie eine Schlüsselrolle spielen in der Sozialanthropologie von

Macht und Gesellschaft, bei der Analyse der Wechselbeziehungen zwischen Polis und Stammesgesellschaft, zwischen Imperium und indigenen Völkern, zwischen Sesshaftigkeit und Nomadentum, Arbeit und Kapital. Entscheidend ist, dass alle drei Bewegungsarten in der tierischen Erfahrung den Unterschied zwischen Territorium und Erde manifestieren. Wir markieren das eigene Territorium, errichten uns eine Behausung, stellen Grenzpfosten auf und gehen dann selbst über die abgesteckte Grenze hinaus und einer neuen niemand gehörenden Erde entgegen (Deterritorialisierung), um diese dann möglicherweise wiederum als unsere Erde zu bezeichnen (Reterritorialisierung). Das Tier ist eine Metapher, eine Figur, es ist Interpret eines spezifischen Ritornells (eine ebensolche Figur ist beispielsweise der Flüchtling Brechts, es könnte aber auch ein ganzes Volk sein).

Der Begriff *Ritornell* [32] hat dabei eine große Bedeutung: Deleuze und Guattari verwenden ihn, um die Form der Beziehung vom Tier zur Erde zu verdeutlichen. Jedes Tier singt sein Lied und markiert, indem es dieses Lied aufführt, sein Territorium oder allgemein seinen Ort: Sein Lied ist das Ritornell von seinem Heim, was immer das auch sein mag. Meine Heimat oder mein Zuhause kann diese Steppe sein, rot vom Mohn, es kann dieser Baum sein, dieses Moor oder du kannst es sein – und wenn dem so ist, werde ich dir mein »Ich liebe dich!« singen. Mein Verständnis von Lieben bedeutet miteinander zu verwachsen, seelisch mit etwas zusammenwachsen (etwas Pflanzlichem, Tierischem, Menschlichem oder etwas anderem, z. B. einer Maschine). In der Terminologie von Deleuze und Guattari handelt es sich um Territorialisierung und Reterritorialisierung: ich bin hier sesshaft geworden, ich berühre diese Erde und ihr singe ich mein Lied: das ist meine Erde, die ich liebe. Aus den tierischen Ritualen des territorialen Verhaftetseins hat sich auch die Kunst entwickelt:

> Die Kunst beginnt vielleicht mit dem Tier, zumindest mit dem Tier, das ein Territorium absteckt und eine Behausung errichtet (beides ergänzt sich oder verschmilzt bisweilen im sogenannten Habitat). Mit dem System Territorium / Haus verändern sich viele organische Funktionen – Sexualität, Zeugung, Aggressivität, Nahrung; aber nicht diese Veränderung erklärt das Auftreten von Territorium und Behausung, eher umgekehrt: das Territorium impliziert die Emergenz von reinen sinnlichen Qualitäten, sensibilia, die nicht länger bloß funktional sind, statt dessen Ausdrucksmerkmale werden und darin eine Transformation der Funktionen ermöglichen. Gewiß ist diese Expressivität bereits weit im Leben verstreut, und man kann sagen, daß schon

die Feldlilie den Ruhm der Götter preist. Doch erst mit Territorium und Haus wird sie konstruktiv und errichtet die rituellen Monumente einer Tier-Messe, die die Qualitäten feiert, bevor sie aus ihnen neue Kausalitäten und Finalitäten gewinnt. Diese Emergenz ist bereits Kunst, nicht nur in der Behandlung äußerlicher Materialien, sondern in den Stellungen und Farben des Körpers, in den Gesängen und Schreien, die das Territorium markieren.[33]

Um zu illustrieren, wie die Kunst aus der territorialen Selbstbestimmung des Tieres durch ein Ritornell hervorgegangen ist, führen Deleuze und Guattari ein faszinierendes Beispiel an:

> Der *Scenopoïetes dentirostris*, ein Vogel aus den Regenwäldern Australiens, läßt die Blätter, die er jeden Morgen vom Baum abtrennt, zu Boden fallen, dreht sie so um, daß ihre hellere Innenseite mit dem Boden kontrastiert, konstruiert sich auf diese Weise eine Szene wie ein Ready-made, und läßt dann genau darüber, auf einer Liane oder einem Ast sitzend, seinen Gesang erschallen, einen komplexen Gesang aus eigenen Tönen und denen anderer Vögel, die er in den Intervallen nachahmt, während er zugleich die gelbe Wurzel von Federn unter seinem Schnabel freilegt: ein vollkommener

Künstler. Nicht die fleischgewordenen Synästhesien, sondern diese Empfindungsblöcke im Territorium – Farben, Stellungen und Klänge – umreißen ein Gesamtkunstwerk. Diese Klang-Blöcke sind Ritornelle; es gibt auch Ritornelle von Stellungen und Farben; und Stellungen und Farben fügen sich immer in die Ritornelle ein. Beugen und Aufrichten, Reigen, Farbstriche. Das Ritornell als ganzes ist das Empfindungswesen. Die Monumente sind Ritornelle. In dieser Hinsicht wird die Kunst auf immer vom Tier heimgesucht werden.[34]

Aber nicht nur die Kunst, auch die Philosophie bestimmen Deleuze und Guattari mithilfe des Ritornells:

Welches ist das vom Denker, Philosoph oder Künstler, genannte Vaterland oder Heimatland? Die Philosophie ist nicht zu trennen von einem Heimatland; von ihm zeugen gleichermaßen das Apriori, das Angeborensein oder die Wiedererinnerung. Warum aber ist dieses Vaterland unbekannt, verloren, vergessen – und der Denker so zu einem Exilierten gemacht? Was wird ihm das Äquivalent für ein Territorium wiedergeben, das einem Zuhause gleichkommt? Was werden die philosophischen Ritornelle sein? Welches Verhältnis besteht zwischen Denken und Erde?[35]

Die Philosophie ist ausgerichtet auf die Suche nach dem Anfang, nach dem Ursprung oder nach jenem Ort, von dem wir einst gekommen sind. Das Apriori, angeborene Ideen oder die Anamnesis spielen die Rolle von Trophäen, die uns mit diesem Ort verbinden, wie auch immer dieser beschaffen sein mag. Bei Platon beispielsweise ist es die Welt des Jenseits. Denn von dort, erläutert Sokrates am Abend vor seiner Hinrichtung seinen Freunden und Schülern, kommt die Seele mit ihren Erinnerungen, die uns als ewige Ideen gegeben sind – das Gute, Gerechtkeit etc.[36] Die Seele im lebendigen Körper ist ein Bote aus dem Reich der Toten, nicht mehr und nicht weniger.

Der Glaube daran, dass wir aus einem Ursprung hervorgegangen sind, der jedoch verloren oder vergessen ist, lässt die Philosophie wieder und wieder ein nostalgisches Register aufschlagen. Sie wendet sich zurück, Richtung Heimat, einer Heimat zu, die es möglicherweise nie gegeben hat. Natürlich denken Deleuze und Guattari, wenn sie die Ritornelle des Zuhauses erwähnen, nicht so sehr an Platon wie an Heidegger, der in seiner Schrift *Die Grundbegriffe der Metaphysik. Welt – Endlichkeit – Einsamkeit* Novalis zitiert: »Die Philosophie ist eigentlich Heimweh – *Trieb überall zu Hause zu seyn.*«[37] Heidegger fragt, was es heißt, überall zu Hause zu sein:

Nicht nur da und dort, auch nicht nur jeden Orts, an allen nacheinander zusammen, sondern überall zu Hause sein heißt: jederzeit und zumal im Ganzen sein. Dieses »*im Ganzen*« und seine Gänze nennen wir die *Welt*. Wir sind, und sofern wir sind, warten wir immer auf etwas. Wir sind immer von Etwas als Ganzem angerufen. Dieses »im Ganzen« ist die Welt. Wir fragen: *Was ist das – Welt?* Dahin, zum Sein im Ganzen sind wir in unserem Heimweh getrieben. Unser Sein ist die Getriebenheit. Wir sind immer schon irgendwie zu diesem Ganzen fortgegangen oder besser unterwegs dazu. Aber wir sind angetrieben, d. h. wir sind zugleich irgendwie von etwas zurückgerissen, in einer abziehenden Schwere ruhend. Wir sind unterwegs zu diesem »im Ganzen«. Wir sind selbst dieses Unterwegs, dieser Übergang, dieses »Weder das Eine noch das Andere«. Was ist dieses Hin- und Herschwingen zwischen dem Weder-Noch? Nicht das Eine und ebenso nicht das Andere, dieses »Doch und doch nicht und doch.[38]

Das Problem mit Heidegger bestünde darin, denken Deleuze und Guattari, dass er sich unglücklich »am Nazismus reterritorialisieren«[39] zu müssen glaubte. Das Heimweh nach dem Ursprung führte ihn nicht dahin, wo er hinwollte:

Er [Heidegger] wollte zurück zu den Griechen, und zwar über die Deutschen, im schlimmsten Moment ihrer Geschichte: Was gibt es Schlimmeres, so Nietzsche, als vor einem Deutschen zu stehen, wenn man einen Griechen erwartete? Wie sollten die Begriffe (Heideggers) nicht innerlich besudelt sein durch eine abscheuliche Reterritorialisierung? Es sei denn, alle Begriffe enthielten jene Grauzone, jene Zone der Ununterscheidbarkeit, in der die Kämpfenden sich einen Augenblick auf dem Boden vermengen und das müde Auge des Denkers den einen für den anderen hält: nicht nur den Deutschen für einen Griechen, sondern den Faschisten für einen Schöpfer von Dasein und Freiheit.[40]

Für sich genommen ist eine Reterritorialisierung natürlich, da ist *per se* durchaus nichts Falsches dran: Jeder reterritorialisiert sich, wo er kann. Aber im Falle Heideggers ist dieser Akt mit einer falsch getroffenen Wahl verquickt: »Er hat sich im Volk, im Boden, im Blut getäuscht.«[41] Heidegger lag falsch, was Heimat und Ursprung anlangt. Das wiederum bedeutet, dass man sich die Heimat doch selbst aussucht. Man selbst sucht sich sowohl das Volk als auch den Boden und das Blut aus. Die Frage, wie man seine Heimat lieben kann, ohne dabei Faschist oder Nationalist zu werden, ist direkt mit der Frage verknüpft, wie es gelingt, die richtige Wahl zu treffen, was das Volk, den Boden und das Blut anlangt.

Ausgehend von dem negativen Beispiel Heidegger schlagen Deleuze und Guattari ihre Version der Reterritorialisierung vor: Man muss sich auf die Seite des nicht großgeschriebenen Volkes schlagen, nicht auf die Seite des Siegervolkes, in dessen Namen der Staat mit einem Führer an der Spitze spricht, sondern auf die Seite des kleingeschriebenen, unterdrückten und ausgeschlossenen Volkes: »Denn die Rasse, an die Kunst und Philosophie appellieren, ist nicht jene, die den Anspruch erhebt, rein zu sein, sondern eine unterdrückte, inferiore, anarchische, nomadische, eine unwiderruflich kleine mindere Mischrasse.«[42] Und hier geht es durchaus nicht notwendig um menschliche Rassen. Der Denker erklärt eine im Verschwinden begriffene Art oder einen verfolgten Stamm zu seiner Heimat:

> Er wird Indianer, hört nicht auf, es zu werden, vielleicht »damit« der Indianer, der Indianer ist, selbst etwas anderes wird und sich aus seiner Agonie herausreißt. Man denkt und schreibt für die Tiere selbst. Man wird Tier, damit das Tier etwas anderes wird. [...] Das Werden ist immer doppelt, und dieses doppelte Werden konstituiert das zukünftige Volk und die neue Erde.[43]

Insofern liegt die echte und wahre Reterritorialisierung in der Utopie, und zwar nicht in einer beliebigen, sondern in der Utopie der Zukunft – im Gegensatz zur Utopie der Vergangenheit. Wir erklären jenes Volk oder jenen Boden zu unserer Heimat, den es noch nicht gibt. Und diese Heimat gilt es noch nicht einmal ausfindig zu machen, sondern zu ersinnen, zu erfinden (wie Kafka das Mäusevolk erdacht hat: der Schriftsteller muss zur Maus werden, damit er sich in das Werden der Maus einfühlen kann).[44] Dieses Land ist für jene erdacht, die herausgefallen sind aus der faschistoiden Einheit von einem siegreichen großgeschriebenen Volk und einem siegreichen großgeschriebenen Staat und einer siegreichen großgeschriebenen Regierung oder für die, welche aus eigenem Antrieb dieses von den Fähnchen dieser Einheit umwehte Territorium verließen.

Obschon es dieses Volk noch nicht gibt, kann man sich einen Nomadenstamm Vertriebener unterschiedlichster Art darunter vorstellen. Andrej Platonov versammelt und beschreibt ein solches Volk in dem Roman *Dshan*:

Ihm gehören Turkmenen an, Karakalpaken, einige Usbeken, Kasachen, Perser, Kurden, Beludschen und solche, die vergessen haben, wer sie sind. [...] Flüchtlinge und Waisen von überall her und alte,

entkräftete Sklaven, die man vertrieben hat [...]
Frauen, die hatten ihre Männer betrogen und flo-
hen aus Angst dorthin [...] es kamen Mädchen für
immer, die jemanden geliebt hatten, der plötzlich
gestorben war, und sie wollten keinen anderen
als Mann [...] Menschen, die keinen Gott kannten,
Weltverächter, Verbrecher ...[45]

In dem Moment, in dem sich der Held in dieser Be-
schreibung wiedererkennt und sagt: »ich bin dort geboren«[46], wird das utopische Volk Wirklichkeit. Er-
staunlich, aber in der Literatur kann so etwas wirklich
geschehen.

Entscheidend ist, dass wir im Verhältnis zur Dop-
pelbewegung der De- und Reterritorialisierung nicht
zu sagen vermögen, was zuerst da war: »... vielleicht
setzt jedes Territorium auch eine vorgängige Deterritorialisierung voraus; vielleicht ist alles aber auch
gleichzeitig«.[47] Das heißt, möglicherweise ist die Bewegung dem Ursprung vorgängig bzw. ist sie es möglicherweise, die ihn erst hervorbringt. Bei aller Kritik,
die Deleuze und Guattari an die Psychoanalyse Freuds
und Lacans adressieren, vollziehen sie mit dieser Be-
merkung eine Annäherung von Territorium und Deterritorialisierung an die Idee, dass die Verdrängung und
die Rückkehr des Verdrängten Hand in Hand gehen:
Bis zur Verdrängung existiert das Verdrängte nicht;

zusammen mit der Verdrängung kehrt das Verdrängte mit einem Schlag wieder, wobei es nicht von Irgendwoher zurückkehrt, sondern aus dem Nirgendwo, aus dem Nicht-Sein. Es gibt kein der Verdrängung vorgängiges unbewusstes Material. Das Unbewusste – unser animalisches Seelenvermögen – ist diesem Kreislauf der Retroaktivität des Ursprungs eingeschrieben: der Ursprung entsteht im Nachhinein.

Bei der Pflanze ist das alles anders, deshalb vermag sie uns so zu erschrecken. Sei es drum. Worum es geht, ist, dass der Lebenszyklus einer Pflanze in der Regel nicht vorsieht, dass sie sich vom Fleck wegbewegt. Die Feldlilie gibt kein Ritornell zum Besten, auch wenn sie die Schönheit des Himmels preist. Sie ist nie fortgegangen; sie ist fest in der Erde verwurzelt, unmittelbar, nicht vermittelt durch ein Territorium, welches sie für sich sichern muss. Das Tier hat ein völlig anderes Verhältnis zum Ursprung als die Pflanze. Sich auf irgendeinem Territorium einzurichten, ist etwas völlig anderes als aus der Erde heraus zu sprießen. Man könnte sagen, die tierische Lebensform setzt den eigenen Ursprung im Nachhinein voraus: das Tier muss erst fortgehen, bevor es dahin oder wohin auch immer zurückkehren kann. Und jedes Mal kehren wir an einen neuen Ort zurück (denn wenn wir auch an denselben Ort zurückkehren, ist dieser neu aufgrund unserer Wiederkehr).

Deleuze und Guattari beschränken die Beziehung zu Erde und Territorium auf die Bewegungen des Tieres, Pflanzen berücksichtigen sie in diesem Zusammenhang überhaupt nicht. Natürlich nicht von ungefähr, denn immerhin ist es die Pflanzen-Metapher – dass die Pflanze von Anfang an mit dem Ort fest verwurzelt ist, aus dem sie herauswächst –, auf die sich die nostalgischen Vorstellungen von der großen und kleinen Heimat stützen. Die ultrarechte Ideologie, der Konservativismus, die Verwurzeltheit und der Nationalismus beruhen auf diesem zu buchstäblich interpretierten Bild von den in die Erde reichenden Wurzeln des Menschen-Gewächses; würde dieses Menschen-Gewächs realiter Fleisch, würde es sich als vollkommen lebensunfähig erweisen. Der einzige Ort, mit dem wir anfänglich mittels der Nabelschnur verbunden sind, ist die Plazenta. Unser Leben als Individuum beginnt mit der Durchtrennung dieser Nabelschnur. In der ersten Zeit sind wir noch unselbständig und hilflos; aber es gibt andere Milchsäuger, die sich sofort aktiv in Bewegung setzen, unmittelbar nachdem sie den Körper der Mutter verlassen haben. In der Sprache der Psychoanalyse werden deshalb die Ritornelle vom Zuhause und dem verlorenen Paradies, einschließlich der Suche nach dem vergessenen Anfang der philosophischen Wahrheit, übersetzt als Sehnsucht nach der mütterlichen Gebärmutter;

diese Sehnsucht kongruiert letzten Endes mit der Affinität zum Tod (zumindest in der philosophischen Rückübersetzung: Heidegger definiert das Heimweh als Getriebenheit zum Ganzen über die Endlichkeit als »*Grundart unseres Seins*«[48]). Wir sehnen uns danach, dass *Mutter Heimat* uns zurückholt, »*zurückgebiert*«, in den Mutterleib.

Das Tier hilft Deleuze und Guattari, die faschistoiden Tendenzen der Gedanken zu blockieren. Die Logik der Ablösung von seinem Ort und das Sicheinrichten auf einem Territorium liegt der neuen Geophilosophie zugrunde, für welche die Übertragung der Utopie aus der Vergangenheit in die Zukunft grundlegend ist. Mir indes lässt der pflanzliche Seelenanteil, der hier und dort Wurzeln schlägt, keine Ruhe. Als entzöge man ihm das Recht zu existieren: Wir sind transnational wie das Kapital, wir fliegen in Flugzeugen, übernachten in Hotels, wir passieren Grenzen und streunen überall als Touristen herum. Als gebe es keine Heimat, als sollte es keine geben. Irina Sandomirskaja beispielsweise entlarvt das Narrativ nicht nur der großen, sondern auch der kleinen Heimat als gefährlichen Mythos, indem sie die tradierten sowjetischen Ritornelle rekonstruiert:

Die Kindheit des Helden verläuft auf kleinstem Raum – meist im Dorf. Dieser kleine Raum ist das

Heimat-Haus / das Heimat-Blut, das Elternhaus / das Eltern-Blut, das Heimat-Dorf, die heimatliche Siedlung, die heimatlichen Orte. Diesen Raum bevölkern Verwandte und Nahestehende, die leibliche Mutter, der leibliche Vater; der Held ist schützend umgeben von heimatlichen Wänden. Der Held ist von Vertrautem umgeben – vertrauten Stimmen, vertrauten Gesichtern, vertrauten Bräuchen. An heimatlichen Orten ist er von heimatlicher Natur umgeben: die heimatlichen russischen Birken, der heimatliche Wald und heimatliche Felder. Über ihm der heimatliche Himmel, wohin sein Blick fällt: dehnen sich heimatliche Weiten aus, frei atmet er die heimatliche Luft. All dies ist die heimatliche Seite (die kleine Seite, die klitzekleine Seite), die kleine Heimat.

Der Held wird erwachsen und verlässt die heimatlichen Gefilde. Angezogen von einem neuen Leben, neuen Möglichkeiten, kommt ihm die Welt der Kindheit eng vor. Er zieht aus in die Stadt und beginnt ein neues Leben in einer Welt, wo ihm alles fremd und unbekannt ist. Allein in Gedanken kehrt er die ganze Zeit zurück zu den Erinnerungen der Kindheit. Es zieht ihn zurück / er wird angezogen von der Heimat. Nach dem Umzug in die Stadt hat er sich von seinen Wurzeln losgerissen, die Verbindung zu seiner Scholle gekappt, er kann seinen Wurzeln nicht freien Lauf lassen; man hat ihn umgesetzt wie eine Pflanze, ihn an einen neuen Ursprung verpflanzt, auf eine neue Scholle, und er verkümmert.[49]

Die hier beschriebene Figur bezeichnet Sandomirskaja als »Steppenläufer«[50]. Allerdings trifft diese Metapher nicht wirklich zu. Strenggenommen verkümmert der Steppenläufer nicht, dessen Wurzeln gekappt sind. Die großen Ballen, die in der Steppe oder über den Feldern vom Wind herumgewirbelt werden, bilden sich, wenn die Pflanzen absterben. Die vertrockneten Stängel reißen sich von den Wurzeln los oder setzen sich gleichsam mitsamt den Wurzeln in Bewegung; mit der Zeit bleiben an ihnen andere, ihnen in den Weg kommende Pflanzen hängen und so verstreuen sie beim Herumwirbeln Samenkörner. Eine aktive untote Lebensform. Er empfindet keinerlei Sehnsucht nach seinen Wurzeln und könnte dies auch gar nicht. Der Steppenläufer, der sich von seinem Ort abgelöst hat, ist im Begriff, in eine neue Lebensform überzutreten. Wie die Pflanze ist er tot, aber zugleich bewegt und vermehrt er sich im Sommer wie ein wundersames Tier.

Dieses komplexe Beispiel dient einem sehr einfachen Ziel: Es demonstriert, dass in der Kultur – nicht nur in der sowjetischen, sondern weltweit – die Reise des menschlichen Lebens ein Grundmodell ist sowohl für das Kappen der eigenen Wurzeln als auch für die das Modell unterfütternde Idee, dass man zu seinen Wurzeln zurückkehren, sich wieder am Ursprung niederlassen und sogar erneut Wurzeln schlagen kann. Die Vorstellung, der Mensch habe echte, wahre Wurzeln, die jeder seiner Bewegungen vorgängig sind, entbehrt in Wirklichkeit jeglicher Entsprechung. Wir stehen nicht gleich Bäumen auf dem Erdboden (wenn wir davon ausgehen, dass die Wurzeln der Pflanzen ein Analogon zum Kopf sind, hieße seine Wurzeln bewahren buchstäblich, dass man mit den Beinen nach oben und dem Gesicht in der Erde dastünde).

Das bedeutet allerdings nicht, dass die gesamte Tradition der Ritornelle von der kleinen Heimat zu verwerfen ist. Ganz im Gegenteil. Die Heimat wurde viel zu hastig denjenigen überlassen, die allzeit bereit sind, sie fest an sich zu ketten, sie als ihr Territorium zu markieren, eine Mauer darum zu errichten oder einen Krieg zu entfesseln. Denn diejenigen haben sich auch das Prinzip der Verwurzelung zu eigen gemacht; sie haben es mit der Uranfänglichkeit des Ursprungs und eben damit verbunden, dass der Ursprung immer schon vor uns da gewesen ist (irgendeiner hat dieses Stück Erde immer schon zu seinem Territorium erklärt, und uns bleibt nichts anderes übrig, als damit wie tote Körper zu verwachsen). Ein bekanntes Ritornell: höchste Zeit, sich diese Erde zurückzuholen.

In Wirklichkeit verstehen wir noch nicht, was eine Pflanze – eine pflanzliche Seele – ist; wir verstehen nicht, wozu sie imstande ist. Über die Politik der Pflanzen sprechen nicht viele. Einer, der es tut, ist Michael Marder; er hat sich der pflanzlichen Lebensform in einigen seiner Arbeiten gewidmet. In dem Essay »Resist like a plant!« führt er das Beispiel von Umweltschützern an, die sich an Bäume ketten, die abgeholzt werden sollen. In gewissem Sinne ahmen die Aktivisten die Existenzform dieser Bäume nach: ihre Standfestigkeit, ihr Verhaftetsein an einem bestimmten Ort. Eine ebensolche direkte Übertragung pflanzlicher Widerstandsformen in der Politik stellen die *Occupy*-Bewegung und ihr ähnliche Formen dar, die im Rahmen von Protesten bestimmte Territorien besetzen. »And when protesters pitch tents in parks or on city squares, they reinvent the strange modern rootedness in the uprooted world of the metropolis, existentially signifying their discontent by merely being there.«[51] Die Entscheidung, dazubleiben und nicht fortzugehen, wird von Arbeitern getroffen, wenn sie ihre Vorgesetzten davonjagen und ihre Fabrik besetzen, oder von den Studenten, wenn sie ihr Universitätsgebäude einnehmen. Als 2018 in der Umgebung der Bahnstation Šies in der Archangelsker Oblast beschlossen wurde, kilometerweise Wald und Moore zu vernichten, um eine Mülldeponie zu bauen, haben sich die Leute erhoben, um ihren Boden, ihr Stück Erde, zu verteidigen; sie sagten, dass sie nicht weichen werden. Man inhaftierte sie, bestrafte und schlug sie – aber sie sind geblieben; die Leute sind mit dieser Erde verwachsen, wie der Wald, für den und mit dem sie sich erhoben hatten; der Wald, den die bis an die Zähne bewaffnete staatliche Kooperationsmaschine in eine Müllhalde verwandeln wollte. Ein anderes Beispiel von vielen ist die Verteidigung der Uferböschung von Kuštau im August 2020: für diesen Berg erhoben sich die Leute wie ein Berg.

Natürlich sind einer solchen Politik bestimmte Grenzen gesetzt: Was tatsächlich tief verwurzelt ist, und vielleicht nie mit Stumpf und Stiel ausgerissen werden kann, sind die systematische Unterdrückung und die gewaltsame Besetzung. Gegen diese erheben sich die Menschen und die Bäume. Wenn sich ein Russe an einen Baum kettet, kann es ihm passieren, dass man ihn mitsamt dem Baum abholzt. Im Kampf mit diesem Feind sind alle Mittel recht: wenn man dich deine Heimat nicht lieben lässt, als wäre sie ein menschliches Wesen, und wenn der Feind dich jagt, so liebe sie, als wärest du eine Pflanze: bleib stehen, widersetz dich, wachse; oder liebe ihn, als wärest du ein Tier: setz dich in Bewegung, geh zum Angriff über oder renn weg, aber überlass denen nicht deine Heimat; bewahre sie dir in deinem Herzen und nimm sie mit, egal wohin du gehst.

Wir sollten versuchen, unsere Heimat so zu lieben, dass sowohl die Erde als auch die Pflanzen mitsamt ihren Wurzeln auf unserer Seite sind, so wie im Partisanenkrieg, als nicht nur die Leute – sondern auch der Wald und die Hügel, das Gras und die Tiere – sich allesamt zum Kampf erhoben. Ein solcher Krieg hat nicht die geringste Ähnlichkeit mit dem, den unser Staat mit seinem Nachbarn führt: der Partisanenkrieg wird nicht seitens der Machthaber verkündet, sondern von dem damit keineswegs identischen Volk, das aus *allen* Lebewesen besteht, die auf dieser Erde, diesem Boden leben. So wie der Heuhaufen meine Urgroßmutter versteckte, wird sich der Baum denjenigen in den Weg stellen, das Tier die angreifen und das Moor diejenigen hinabziehen, die kamen, um zu töten. Außer dem Widerstand der Partisanen gibt es noch einen unbemerkten, leisen Widerstand, den der zivilen Anwohner: jener, die nicht fortgehen, wenn jemand einen Krieg auf ihrer Erde, ihrem Boden führt. Sie können oder sie wollen nicht fortgehen: Denn hier steht ihr Haus, hier weidet ihre Kuh, hier wacht ihr Hund und wächst ihr Gemüsegarten, den niemand gießen wird, wenn sie von hier weggehen und zu Flüchtlingen werden. Die friedlichen Anwohner bleiben, weil sie mit diesem Ort verwachsen sind; sie leben ihr Leben friedlich weiter dem Krieg zum Trotz.

Für seine Heimat muss man mit List und Wahrheit kämpfen, wie Brecht sagte. Unsere ursprüngliche tierische Unverwurzeltheit oder Unbeheimatetheit lässt jenen inneren Schwarzwald noch kostbarer werden, den wir in uns tragen. Gerade er ist der pflanzliche Teil unserer Seele, der uns nicht nur einfach zur Reterritorialisierung in der Weise eines Tieres befähigt, sondern auch dazu, Wurzeln zu schlagen wie eine Pflanze. Nicht notwendig die eigenen Wurzeln: Man kann eine kreative Allianz aus Tier und Pflanze begründen und Blumen in die Erde setzen, der man seelisch verbunden ist. All jener staatlichen Grenzen zum Trotz, die uns, folgt man dem Protokoll, an ein bestimmtes Territorium heften, sollte die Liebe zur Heimat eine freie Liebe sein, eine, die so beschaffen wäre, dass jedes Mal, wenn man an einen neuen, unbekannten Ort zurückkehrte, ein jeder von uns sagen könnte: »Da komm ich her.«

Sankt-Petersburg–Berlin, 2019/2020

Anmerkungen

1 Interpretin: Žanna Aguzarova, Text: A. Aleksandrov, Musik: A. Aleksandrov, {https://www.youtube.com/watch?v=shm PXqeLizM}, letzter Zugriff am 24. 5. 2022.

2 Als Kolčakarmee bezeichnet wird die nach dem Monarchisten und einem der Anführer der sogenannten Weißen, Aleksandr Kolčak, benannte Armee, die er für die »Sibirische Regierung« als Kriegs- und Marineminister rekrutiert hatte. Im Russischen Bürgerkrieg von 1918–1922 kämpfte die Weiße Garde gegen die Bolschewiki.

3 Siehe dazu: {https://www.deutschlandfunkkultur.de/ goethe-institut-in-nowosibirsk-theater-in-der-dunkelkammer-100.html}, letzter Zugriff am 10. 5. 2022.

4 Über diesem pädagogischen Hinweis auf den braven Hasen prangt eine Abbildung aus der sowjetischen, später russischen Zeichentrickserie »… UND ICH KRIEG' DICH DOCH« (»Nu, pogodi!«), die 1969 erstmals ausgestrahlt wurde.

5 Die Stadt Ču wurde 1928 im Rahmen der Bauarbeiten an der Turksib gegründet.

6 Der Krieg der Sowjetunion in Afghanistan dauerte von 1979–1989.

7 Kornej Tschukowski, *Verdrehte Welt*, aus dem Russischen übertragen von Walter Fischer, Wien 1946.

8 Vollständig lautet der Titel »Die Eule und der Engel. Melancholie und Glück im katastrophischen Lauf der Geschichte«, in: *Lettre International* 117 (2017), S. 113–117, übers. A. Schloßberger.

9 Čingiz Ajtmatovs erster längerer Roman erschien 1980, [auf Russisch: *Burannyj polustanok* oder *I dol'še veka dlitsja den'*]. Der Roman spielt auf der Eisenbahnstation Burjannyj, gelegen in der kasachischen Steppe. Auf Deutsch erschien er in der Übersetzung von Ch. Kossuth im Jahr 1981 gleich zweimal: in der DDR unter dem Titel: *Der Tag zieht den Jahrhundertweg* und in der BRD: *Ein Tag länger als ein Leben*.

10 Meine Mutter sagt, es handele sich höchstwahrscheinlich um Feldulmen [Anm. O. T.].

11 Anton Makarenko (1888–1939) war ein bekannter sowjetischer Pädagoge.

12 Michail Isakovskij schrieb 1938 das Lied »Katjuscha«, auf Deutsch ist es zu finden in: *Der flammende Dornbusch*, Berlin 1987, S. 177. Das Lied drückt die Sehnsucht eines daheim gebliebenen Mädchens nach ihrem in den Krieg gezogenen Geliebten aus. In der UdSSR hatte es eine ähnliche Bedeutung wie in Deutschland »Lili Marleen«.

13 Die Stadt Surgut ist eine der ältesten russischen Städte Sibiriens, gegründet 1594. Seit 1930 gehört die Stadt zum Autonomen Kreis der Chanten und Mansen – die Chanten gaben ihr auch ihren Namen: Surgut bedeutet »fischreiche Gegend«. Öl und Gas entdeckte man in den 1950er- und 60er-Jahren. 1965 erhielt der Ort Stadtstatus, 1975 wurde eine Brücke über den Ob gebaut.

14 Komsomol ist ein Silbenkurzwort aus den Anfangssilben Kom so mol; vollständig heißt es: Vsesojuznyj Leninskij Kommunističeskij Sojuz Molodeži (Gesamtsowjetischer Leninscher Kommunistischer Jugendverband): gegründet wurde die Organisation für Kinder und Jugendliche im Alter von 14–28 Jahren am 29. Oktober 1918. Nach dem Putsch am 19. August 1991 wurde der Komsomol verboten.

15 Heute ist das eine Internetzeitung: {https://stribuna.ru}, letzter Zugriff am 10. 5. 2022.

16 Dem Sumpfporst (Ledum palustre), erwähnt beispielsweise in: Otto Wilhelm Thomé, *Flora von Deutschland, Österreich und der Schweiz*, 1885, wird auch hierzulande eine berauschende Wirkung nachgesagt, weshalb man ihn als Räucherstoff und Zauberpflanze einsetzte.

17 Zu der schrecklichen Situation in den 1990er-Jahren siehe Valerij Podoroga, »Das Herren-Monster. Tyrannei und Transgression. Zu einer Anthropologie der Macht«, in: *Lettre International* 105 (2014), S. 80–83, aus dem Russischen v. A. Schloßberger.

18 Nationale Dörfer sind speziell für indigene Völker angelegte Dörfer, eine Art Reservat. Sie wurden in der UdSSR geschaffen, damit diese Völker einen Wohnort haben, Schulen, Krankhäuser.

Jetzt ist ihre Lage äußerst kritisch, weil sie von der Ölindustrie verdrängt werden.

19 Auf Englisch: »Ultra black«, in: *Cosmic Shift: Russian Contemporary Art Writing*, London 2017, S. 399–412.

20 An der Oper »Rossija« von Dmitrij Prigov nahmen Teil ders., German Vinogradov und sein Kater Vas'ka; Dokumentation der Performance: Aleksandr Dolgin (Kamera), Iraida Jusupova (Musik und Redaktion): {https://www.youtube.com/watch?-v=p28B67twgwg}, letzter Zugriff am 10. 5. 2022.

21 Interessanterweise verfügt das Substantiv Rossija, wie Russland auf Russisch heißt, über zwei Adjektive: »russkij« und »rossijskij«, während das erste »russisch« im Sinne von russischer Sprache, russischer Literatur usw. bedeutet, betrifft »rossijskij« alles, was mit dem Land oder dem Staat zu tun hat. Um diese Unterscheidung im Deutschen nicht zu unterschlagen, differenzieren deutsche Übersetzungen häufig zwischen *russisch* und *russländisch*.

22 Irina Sandomirskaja, *Kniga o Rodine. Opyt analiza diskursivnych praktik (Buch über die Heimat. Versuch einer Analyse diskursiver Praktiken)*, Wiener Slawistischer Almanach, Sonderband 50, Wien 2001, S. 175 f.

23 Marianne Kesting, Bertolt Brecht. *In Selbstzeugnissen und Bilddokumenten*, Hamburg 1959, S. 14.

24 Bertolt Brecht, »Fünf Schwierigkeiten beim Schreiben der Wahrheit«, in: *Gesammelte Werke* 18, Schriften zur Literatur und

Kunst I, S. 222–239, die Hervorhebungen stammen von Brecht, Frankfurt am Main 1967, hier S. 222.

25 Bertolt Brecht, »Flüchtlingsgespräche«, in: *Gesammelte Werke* 14, Prosa 4, Werkausgabe, S. 1383–1516, Frankfurt am Main 1967, hier S. 1452.

26 Ebd.

27 Bertolt Brecht, »Vom armen B. B.«, *Die Gedichte von Bertolt Brecht in einem Band*, Frankfurt am Main 1981, S. 261.

28 Aristoteles, »Über die Seele«, in: *Philosophische Schriften in sechs Bänden*, Bd. 6, Hamburg 1995, S. 1–100.

29 Georg Wilhelm Friedrich Hegel, »Enzyklopädie der philosophischen Wissenschaften im Grundrisse«, in: *Hauptwerke in sechs Bänden*, Bd. 6, Hamburg 2018, § 344.

30 Ebd., § 351.

31 Gilles Deleuze, Félix Guattari, *Was ist Philosophie?*, aus dem Französischen von Bernd Schwibs und Joseph Vogl, Frankfurt am Main 1996, S. 77.

32 Der Begriff *Ritornell* kommt ursprünglich aus dem Italienischen *Stornello*, das bedeutet passend zum hier behandelten Thema: Wiederkehr.

33 Deleuze, Guattari, *Was ist Philosophie?*, S. 218.

34 Ebd., S. 218 f.

35 Ebd., S. 78.

36 Nachzulesen in Platons *Phaidon*.

37 Novalis, *Das Allgemeine Brouillon, Materialien zur Enzy-klopädie 1798/99*: Dritte Gruppe Nr. 850–863, 857, Hamburg 1993.

38 Martin Heidegger, »Die Grundbegriffe der Metaphysik. Welt – Endlichkeit – Einsamkeit«, *Gesamtausgabe*, II. Abteilung: Vorlesungen 1923–1944, Bd. 29/30, Frankfurt am Main 1983, S. 7 f.

39 Gilles Deleuze, Félix Guattari, *Was ist Philosophie?*, S. 126.

40 Ebd., S. 126 f.

41 Ebd., S. 127.

42 Ebd.

43 Ebd.

44 Franz Kafka, »Josefine, die Sängerin oder das Volk der Mäuse«, in: *Gesammelte Werke in sieben Bänden*, Bd. 4, hrsg. von Max Brod, Frankfurt am Main 1976, S. 200–216.

45 Andrej Platonow, »Dshan. Roman«, in: Ders.: *Dshan oder Die erste sozialistische Tragödie*, hrsg. u. aus dem Russischen übers. von Michael Leetz, S. 9–170, hier: S. 32 f.

46 Ebd., S. 33.

47 Deleuze, Guattari, *Was ist Philosophie?*, S. 77.

48 Martin Heidegger, »Die Grundbegriffe der Metaphysik. Welt – Endlichkeit – Einsamkeit«, in: *Gesamtausgabe*, II. Abteilung: Vorlesungen 1923–1944, Bd. 29/30, Frankfurt am Main 1983, S. 8.

49 Irina Sandomirskaja, *Kniga o rodine*, S. 53 – hier in meiner Übersetzung.

50 Das russische Lexem »perekati-pole« hat zwei Bedeutungen: es kann einen Menschen meinen, wenn er ein Vagabund, Streuner oder Nomade ist, oder eine Pflanze, nämlich eine Kollerdistel; ein herumwehendes Pflanzenknäuel, einen Steppenläufer, Steppenhexe, Bodenläufer, Chamaechorie.

51 Michael Marder, »Resist like a plant! On the Vegetal Life of Political Movements«, in: *Peace Studies Journal* 5/1 (2012), S. 24–31, hier S. 26. Auf Deutsch: »Und wenn Protestler Zelte aufschlagen in den Parks oder auf den Plätzen der Stadt, definieren sie eine seltsame moderne Verwurzeltheit in einer entwurzelten Welt der Metropolis neu, indem sie ihrer Unzufriedenheit existenziell Ausdruck verleihen, allein dadurch, dass sie da sind«.

Gespräch über »Heimat«.
Einen Monat nach dem Überfall
auf die Ukraine.

A.S. Der 24. Februar, Putins Überfall auf die Ukraine, hat die Perspektive auf Texte und Bücher, die davor geschrieben wurden, radikal verändert. Mit einem Schlag haben sie nicht mehr die Bedeutung wie vor diesem einschlagenden Ereignis: Die Texte zeugen nun davon, wie die Dinge liefen bis zum Eintritt der Katastrophe, bis zum Angriffskrieg gegen die Ukraine. Wenn man jetzt Ihren Text »Heimat«, insbesondere das vierte Kapitel »Wie macht man das, von hier sein« noch einmal liest, sucht und findet man viele Symptome für die immer rasantere Radikalisierung der Machthaber – Sie schreiben beispielsweise, die patriotische Maschine stünde nie still, Grenzen ließen sich verschieben – wie lesen Sie Ihren Text nach dem 24. Februar? Als Instruktion zum Widerstand? Als Prophezeiung?

O.T. In den ersten Tagen nach dem Überfall hatte ich einen so gewaltigen Schock, dass es schien, als habe alles davor Geschriebene seinen Sinn verloren. Ich dachte überhaupt nicht an diesen Essay, hatte ihn vergessen. In erster Linie hatte ich ihn ja geschrieben, um das Glück zu teilen, das mir die Begegnungen mit den Orten meiner Kindheit bereitet hatten. Für mich ist das ein Buch über Glück, ein Liebeslied. Natürlich ist das ein politischer Text, aber die Politik darin ist sehr subjektiv: Es ist meine, sehr persönliche Politik einer Verbundenheit zur Erde. Etwa am 10. Tag nach dem Überfall ging in Russland das Gerücht um, Putin werde das Kriegsrecht ausrufen und die Staatsgrenzen dicht machen. An diesem Tag bekamen die Leute in Russland gewaltige Angst. Viele ließen alles stehen und liegen, kauften Tickets für die erstbesten Flüge, die sie bekommen konnten, und verließen das Land: sie flogen nach Istanbul, Jerewan, Tbilisi, Astana und andere Städte. Das war der Beginn einer neuen russischen Emigrationswelle. Diesmal fliehen die Leute vor dem Polizeiterror, vor der Rechtlosigkeit, vor der Armut, der Erniedrigung, davor, dass es unmöglich ist, länger in einem Staat zu arbeiten und zu leben, der nach innen und nach außen eine Politik der Aggression betreibt. Auch ich löste ein Ticket für den Zug von Petersburg nach Helsinki, obschon ich nicht plante, für immer wegzugehen. In Helsinki verstand ich, dass Emigration tatsächlich eine Welle ist. Als alle Passagiere, bereits in Finnland angekommen, aus dem Zug stiegen mit Taschen, Katzen und Hunden und sich über den Bahnsteig Richtung Ausgang bewegten, schien es, als sei dies ein Strom von Menschen, als strömte hier unser Fluss Neva, wie Wellen rollten die Leute über den Bahnsteig. Als ich die Zollkontrolle hinter mir hatte, erhielt ich über einen Messengerdienst eine Nachricht: Ein Freund schrieb aus einem Hotel in Tbilisi, dass er gerade meine »Heimat« gelesen habe, sie korrespondiere sehr mit allem, was sich gerade ereignet. Da erinnerte ich mich an sie: sie ist ja ein Lehrbuch, das ich für mich selbst geschrieben habe. Ich versuchte, die Frage zu beantworten, wie man eine Heimat lieben kann entgegen dem Staatspatriotismus und entgegen der nationalistischen Ideologie; dabei stützte ich mich insbesondere auf Bertolt Brecht, seine »Flüchtlingsgespräche« und seinen Essay »Fünf Schwierigkeiten beim Schreiben der Wahrheit«, den er in der Emigration schrieb. Mit ihm wandte Brecht sich an seine Genossen, die im faschistischen Deutschland geblieben waren. Brecht lehrte, dass Heimat und Staat nicht ein und dasselbe sind. Es gibt das Stück Erde, wo wir wohnen, das wir kultivieren und bewohnbar machen, und es gibt eine Gruppe von Leuten, die dieses Stück Erde zu ihrem Territorium erklären, das heißt, es sich aneignen, besetzen. Natürlich ist meine »Heimat« eine kodierte Botschaft. Bereits 2019, als ich an diesem Text arbeitete, hatte ich den Eindruck, dass wir in Russland auf einem okkupierten Territorium leben. Die Leute an der Macht hatten sich eine Maschine erschaffen, um sich zu bereichern. Diese Maschine ist der Grund, warum die Schere der sozialen Ungleichheit immer größer wurde. Die Maschine läuft permanent und versorgt im Innern des Landes drei Bereiche: Korruption, Propaganda und Polizeigewalt. Die herrschende russländische Klasse spürte, dass sie alles ungestraft tun kann, was sie will, dass sie einer realen Unterstützung und des Vertrauens der Bevölkerung nicht mehr bedarf. Jeden, der nicht damit einverstanden ist, kann sie aus dem Weg räumen, aufgrund konstruierter Anklagen ins Gefängnis stecken, und sie kann jede Form des Protestes unterdrücken. Im Januar 2021, als »Heimat« auf Russisch erschien, erhielt ich erste Reaktionen auf mein Buch. Zu dieser Zeit gab es in ganz Russland Massenproteste gegen das Regime Putin, aber noch mehr als Protestierende auf den Straßen gab es Polizei und russländische Nationalgardisten (die russländische Nationalgarde ist eine militärische Polizeisondereinheit, geschaffen, um die Proteste gewaltsam zu unterdrücken). Das Zentrum der Stadt Sankt Petersburg war von Polizeiautos buchstäblich besetzt, der Straßenverkehr blockiert – die Leute konnten noch nicht einmal zur Arbeit gehen, ihre Kinder in die Schule oder den Kindergarten bringen, mit dem Hund spazieren gehen. Die Folge davon war, dass die Stadtbewohner übers Eis der städtischen Flüsse und Kanäle liefen, sie traten gewissermaßen Partisanenpfade aus. Diese *Polizeilegionen* sind nicht Teil der normalen städtischen Infrastruktur. Sie wirken wie ein Fremdkörper, deshalb spreche ich von Okkupation, davon, dass dieses Regime nicht nur ein Okkupant, ein Besatzer der Nachbarländer ist, sondern auch von Russland. Die Polizeigewalt ist nun der Hauptpfeiler dieses Regimes, sie schützt die Machteliten vor dem unzufriedenen Volk. Kann man eine Heimat lieben, wenn das Monopol auf Patriotismus den Ideologen dieses Regimes vorbehalten ist? Ich denke, ja, und ich denke, dass eine solche Liebe uns notwendigerweise in die Rolle der Opposition zu diesem Regime versetzt, in Opposition zum Militarismus, zur Kriegspolitik, zur Okkupation, zu Tod und Zerstörung.

A.S. Als Reaktion auf Putins Angriffskrieg sprach der deutsche Kanzler Scholz, die deutsche Politik von einer Zeitenwende, der deutsche Historiker Herfried Münkler von Zäsur: Alles ist mit einem Schlag anders. Aber es ist nicht nur alles mit einem Schlag anders und wir alle sehen uns einem Bruch in der Zeit gegenüber, der von uns verlangt, uns neu zu positionieren. Bevor die Einordnung und Selbstpositionierung vorgenommen werden kann, gilt es, die Augen zu öffnen: In einem jüngst veröffentlichten Text beschreiben Sie die Wende vom verdeckten Krieg zum offenen Angriffskrieg als Apokalypse: Was offenbart sich?

O.T. Dieser Krieg zerteilt das Leben in ein Davor und ein Danach – dieses Gefühl ist allen gemeinsam. Überdies kann man heute, wie Sie bereits richtig sagten, vieles von dem, was davor geschrieben oder getan wurde, als Zeugnis oder Ankündigung einer künftigen Katastrophe lesen. Wichtig zu verstehen ist, dass der Krieg nicht plötzlich begonnen hat. Es gab bereits seit 2014 Kriegshandlungen im Osten der Ukraine. Bereits damals starben in einem unerklärten, hybriden Krieg Soldaten und Zivilisten, friedliche Bürger, aber die Ausmaße dieser Konfrontationen schafften es nicht bis ganz nach vorne auf der Tagesordnung. Damals schon wurde die Strategie der Negation etabliert, die für die tiefe unbewusste Struktur dieses Krieges charakteristisch ist. Er darf auf keinen Fall als Krieg bezeichnet werden. Als alles Mögliche, aber bloß nicht als Krieg: Ein solcher Verneinungsmechanismus ist typisch für das Träumen. Der Patient behauptet, dass die Frau aus dem Traum nicht seine Mutter ist. Das bedeutet, dass es in Wirklichkeit seine Mutter ist, schrieb Freud und erklärte, dass gewisse Dinge so traumatisch für unsere Psyche sind, dass unser Bewusstsein die Zensur nur überwinden kann, wenn es den Sachverhalt in sein Gegenteil verkehrt. Der Mechanismus der Verneinung ist seit 2014 im Gange, und sogar heute, angesichts Tausender Tode und angesichts Millionen Geflüchteter, wiederholt die russländische Macht weiterhin die Beschwörungsformel: »das ist kein Krieg«. Wenn jedoch die Massenmedien den Krieg als Krieg bezeichnen, werden sie geschlossen, und Leuten, die den Krieg als Krieg bezeichnen, droht man mit Gefängnis. Wir sehen Menschen und Tiere, die sich in Luftschutzkellern verstecken, Menschen, die kein Zuhause mehr haben, tote Menschen, Verwundete, verstümmelte Zivilisten und Soldaten, die ohne Beine nach Russland zurückkehren, brennende Städte und Dörfer. All das gemahnt an einen Alptraum, aus dem man nur zu gern erwachen würde – aufwachen im echten, friedlichen Leben, aber es passiert das Gegenteil: der Alptraum, bezeichnet als »Kein Krieg«, findet im Wachzustand statt, er zeigt, was er in Wahrheit ist, in der Verneinung, und davor verstecken kann man sich nur, wenn man in tiefen Schlaf gesunken ist.

A.S. Ist diese Situation eine Art Gegensituation zu den auf den Zerfall der UdSSR in Russland folgenden 1990er-Jahren, die von der Bevölkerung Russlands aufgrund der Marodeure, der Armut und allgemein herrschenden Kriminalität als extrem traumatisch empfunden wurde? Ich frage das, weil ich mich, als der deutsche Historiker Münkler von einem Bruch in der Zeit sprach, an Valerij Podorogas Vorbemerkung zum Text »Herren-Monster« erinnerte. Podoroga schrieb, es gebe Situationen, in denen man so sehr mit dem

Überleben und mit Ängsten beschäftigt sei, dass man erst viel später verstehen könne, was eigentlich in diesem Moment passiert ist, wofür genau dieser Moment den Grundstein gelegt hat. In Ihrem Buch erwähnen Sie im Kapitel »Surgut«, wie schrecklich die 90er-Jahre für Sie selbst damals waren.

O. T. Unsere historische Situation bedingen jene politischen und kulturellen Prozesse, die in den 1990er-Jahren geschehen sind. Die ehemalige UdSSR in ein friedliches kapitalistisches System einzubauen, erwies sich insgesamt als äußerst traumatischer Prozess, der mit einem abrupten Wechsel der ideologischen Paradigmen einherging. Ich war Teenager, als dieser Bruch vollzogen wurde. In der sowjetischen Schule lehrte man uns eine marxistisch-leninistische Version der Geschichte. Im August 1991 kam es zu einem völligen Umsturz – wir kamen von den Sommerferien in genau dieselbe Schule zurück, wo dieselben Lehrer uns erklärten, dass alles, was wir wussten und früher gelernt hatten, Lüge war, dass der Kommunismus etwas Böses ist und wir jetzt in einem neuen Staat, in Russland leben. Ich denke, in den Köpfen vieler meiner Generation entstand eine gewaltige Dissonanz, deren weitreichende Folge die heutige kollektive militaristische Psychose ist. Wenn wir davon sprechen, dass die Linearität der Zeit abgerissen ist, dann sind die Quellen für dieses Abreißen genau in diesen Jahren zu suchen: Der Zerfall der UdSSR bewirkte eine gewaltige Derealisation. Diese Wirkung fand ihren Widerhall in der russländischen Kultur der 1990er-Jahre, für welche insbesondere Zynismus und das Verbot, etwas direkt zu sagen, charakteristisch waren. Der allgemeine Nenner dieser Kultur war: *die Wahrheit* gibt es nicht, es gibt nur konkurrierende Interpretationen der Wirklichkeit, das Leben ist ein Kampf ums Überleben, und sein Sinn ist einzig, Zugang zu Ressourcen zu haben, zu realem oder symbolischem Kapital. Die 1990er-Jahre waren eine Zeit des Spotts, der impliziten ironischen Äußerungen – jede wahrhaftige Geste empfand man als unangebracht, als dumm und machte sie zum Gegenstand von Spötteleien. Diesen Spott löste im späten Putinismus bereits die sogenannte Postironie ab, eine vermeintliche Ernsthaftigkeit. Das war kein harmloses Phänomen. Denn genau auf der Welle des Spottes schlichen sich Ende der 1990er-Jahre offen faschistische Ansichten in das kulturelle und politische Establishment ein. Als Putin 2000 an die Macht kam, war die Gesellschaft derart demoralisiert, dass sie leicht einen nationalistischen und konservativen Weg einschlug, einfach, weil es unterhaltsam war: Auf einmal waren nationalistische Autoren in Mode, die bis dahin marginale Bedeutung hatten. Und ehemalige »Demokraten« gaben sich eiligst einen »patriotischen« Anstrich.

Dahinter steckt eine sehr simple Logik: Wenn es keine objektive Realität gibt, bedeutet das, der Stärkere hat recht – daher der wachsende Kult um die sogenannten *Siloviki* (Leute aus dem Geheimdienst oder Militär, die einflussreiche Posten in Politik und Wirtschaft bekleiden) und das Gutheißen von einem Herrschaftsmodell, das nicht auf Autorität basiert, sondern auf Gewalt. Der Despot ist ein Ungeheuer, das nicht nur aus unseren Ängsten geboren ist, sondern auch aus diesem allgemeinen existenziellen Niedergang.

A.S. Ihr Buch ist, insbesondere im vierten Kapitel, ein Versuch gegen Autokratismus, Diktatur, Totalitarismus und damit verbundene faschistisch-nationalistische Heimatansprüche anzuschreiben – nicht zuletzt, so sagten Sie, um das Wort *Heimat,* das immer wieder und vielerorts vom rechten, faschistischen Diskurs vereinnahmt, okkupiert und annektiert wird, zu etwas zu machen, das einen ganz anderen Inhalt bekommt: Statt ewig gestrigem Revanchismus, der jetzt gerade eine real hereinbrechende Dystopie über die Menschen in der Ukraine bringt, entwerfen Sie eine Utopie – wie weit ist das heutige Russland davon entfernt?

O.T. Die Utopie ist kein Ort, den es noch (oder schon nicht mehr) gibt, eine ideale Welt, sondern im Gegenteil: Ich schreibe von Heimat als einer konkreten, materiellen Realität eines Ortes, der bereits existiert. Deshalb kann man Heimat in einem unmittelbaren Sinn nicht als Utopie bezeichnen. Mein ursprünglicher Ansatz war sehr einfach: eine Reisebeschreibung, eine Rückkehr an Heimatorte. Ich habe mehrere solche Orte, im Buch erwähne ich drei – Sibirien, wo ich geboren bin, Kasachstan, wo meine frühe Kindheit war, und den Norden, wo meine Kindheit aufhörte. Russland existiert in der Psychogeografie meiner Heimatorte nicht. Russland ist später entstanden, im Jahr 1991. Es kam mir immer so vor, als sei das ein fremdes und aufoktroyiertes ideologisches Konstrukt. In der Sowjetunion, wo ich geboren bin, war Russland eine von vielen Republiken, aber nicht im Geringsten das, was heute Propagandisten und Hurrapatrioten versuchen, sich darunter vorzustellen (nämlich das Erbe des Russländischen Imperiums). Mir persönlich ist dieses imperiale Phantasma zutiefst fremd; überhaupt ist mir abstrakte Geopolitik allgemein fremd, sobald ein Territorium definiert wird als etwas, das Eigentum einer Macht ist und mit dieser identifiziert wird. Für das imperiale Bewusstsein Russlands, das sich mit der Macht identifiziert, die von einer einzigen Person verkörpert wird, zum Beispiel von Putin, ist das ein ununterbrochen expandierendes Besitztum. Aber dieses Russland gibt es in Wirklichkeit gar nicht. In Wirklichkeit gibt es eine heterogene Vielfalt von bewohnten Landstrichen, unikale Landschaften, eine Vielzahl Völker mit ihren Sprachen, Kulturen, Traditionen. Und das ist das Leben, der konkrete Ort, im Gegensatz zu einer geopolitischen Abstraktion, die von Tod gesättigt ist. Um die Leute dazu zu bringen, für eine abstrakte Größe zu sterben, erdachte man sich den Staatspatriotismus.

Ich schreibe von der kleinen Heimat im Gegensatz zur großen. Dabei stelle ich zum Beispiel dem Eroberungskrieg (das heißt dem Krieg um etwas Abstraktes, um die Vergrößerung des Herrschaftsgebietes) den Partisanenkrieg gegenüber. Den Partisanenkrieg führen Menschen auf ihrem Stück Erde, und dieses Stück lebende Erde, das sie lieben und kennen, kommt ihnen zu Hilfe: der Wald, der Fluss, der Sumpf, die Bäume, die Tiere und die Vögel. Die Eroberer haben nicht diese emotionale Beziehung zu diesem Stück Erde, für sie ist sie fremd und unbekannt, für sie ist es keine Erde für das Leben, sondern für den Tod. Außer den Eroberern und den Partisanen gibt es noch die Zivilisten, die *friedlichen* Bürger (*mirnye žiteli*). Im Russischen ist das Adjektiv »mirnyj« abgeleitet von »mir« (»Frieden«), aber als friedliche Bürger werden nicht beliebige Bürger bezeichnet, sondern nur jene, die dort leben, wo gekämpft wird. Die friedlichen Anwohner sind jene, die ihr Leben dem Krieg zum Trotz fortsetzen, dem Beschuss und den Bombardierungen zum Trotz erledigen sie weiter ihre Angelegenheiten: Sie arbeiten, kümmern sich um den Gemüsegarten, gehen mit dem Hund spazieren, gießen die Blumen, treffen sich und schreiben Bücher. Es ist die Liebe der Menschen zu ihrer Heimat, weshalb sie bleiben, weil sie nicht fliehen können oder wollen, sogar wenn ihnen der Tod droht. Aber auch jene, die vor dem Krieg fliehen – die Flüchtlinge –, bewahren ihre materielle Verbindung zur Heimat. Ich war einige Male als Freiwillige auf dem Berliner Hauptbahnhof, um den ankommenden ukrainischen Flüchtlingen zu helfen, den Menschen, die überlebt haben, die sich in Sicherheit bringen konnten. Sie haben ihre Häuser verlassen, sie wissen nicht, ob sie jemals zurückkehren können oder nicht – und wenn sie zurückkehren, ob ihr Haus noch steht oder ob es abgebrannt ist, – mitgenommen haben sie nur das Wertvollste. Dieses Wertvollste – beispielsweise das Lieblingsstofftier, das ein Kind mitgenommen hat – wird im neuen Leben, in einem anderen Land die Menschen mit ihrer Heimat verbinden.

A.S. Noch einmal komme ich auf den utopischen Begriff von Heimat zu sprechen, den Sie im vierten Kapitel entwickeln. Dabei beziehen Sie sich auf Platonovs Volk Dshan. Nachdem man dem Protagonisten näher erklärt hat, wer dieses Volk ist, dass es sich um die Entrechteten, Verfolgten, Gejagten und Unterdrückten handelt, sagt er, das sei sein Volk: Hier sei er geboren –

ist diese utopische Heimat jetzt gerade da, wo die Menschen in Luftschutzkellern, auf der Flucht sind oder um ihre und unsere Freiheit kämpfen?

O. T. Heimat oder Volk sind Begriffe mit mehreren Bedeutungen. Viele Menschen weigern sich, sie zu benutzen, da sich diese Begriffe tatsächlich leicht ideologisieren oder vereinnahmen lassen von der Staatsmacht, von Nationalisten oder dem rechten Diskurs, dessen Hauptelement der Wille zur Macht ist. Roland Barthes sagte, Ideologie sei Sprachraub. Ich denke, man muss für die Rückkehr der Sprache kämpfen, um jedes einzelne Wort, egal ob es das Wort »Heimat«, »Volk«, »Erde« oder »Liebe« ist. Der Sinn jedes dieser Wörter ist tiefer und interessanter als jene Verzerrungen, denen man sie unterzieht, wenn man sie durch die propagandistische Maschine laufen lässt. Vielen ist bis heute die alte sowjetische Losung »Volk und Partei sind einig!« als eine schlimme Parole im Gedächtnis geblieben. In der späten UdSSR glaubte schon niemand mehr an die Einigkeit von Volk und Partei, die Losung war jeglichen Sinnes beraubt, dennoch war dieses leere Zeichen omnipräsent, es war ein Verweis auf ein Loch in der politischen Struktur der Gesellschaft. Die heutige Partei der Macht – *Einiges Russland* – verwendet genau diese *Einigkeit* als leeres Zeichen; diese Partei vertritt die Lobby-Interessen eines engen Personenkreises, der Paläste und Yachten besitzt. Diese Partei entbehrt des politischen Programmes, dafür verfügt sie über ein beeindruckendes Arsenal an Korruptionsmethoden. Ziel dieser Partei ist die Macht an sich, und als Mittel, um sie zu erreichen, dienen ihr Gewalt, Krieg und Terror. Es existiert und existierte immer eine schweigende Mehrheit – die apolitischen Bürger und Konformisten – die sich leicht manipulieren lassen, aber eine schweigende Mehrheit ist kein Volk im politischen Sinne. Das russländische Volk, in dessen Namen heute die Maschine des Todes agiert, gibt es nicht. Unter Volk im politischen Sinne ist nicht die Einigkeit von Macht und Bevölkerung zu verstehen, sondern eine aktive Pluralität, die sich selbst erschafft. Was das Volk ist, bestimmt sich nicht anhand des Bluts, nicht anhand des Passes und nicht einmal anhand der Sprache. Etwas, was einem Volk in diesem Sinne nahekam, habe ich sogar zu Zeiten der Massenproteste gegen das Regime Putin in Russland beobachten können – zum Beispiel im Winter 2021. Ich beobachtete, wie vom frühesten Morgen an mehr und mehr Menschen, Zeitzone um Zeitzone zu Protestaktionen auf die Straße gingen: anfangs in Jakutien, im Fernen Osten, dann in meiner Heimat Sibirien, dann im Ural, in Tatarstan, Zentralrussland und schließlich in den südlichen und westlichen Gebieten. Ich verstand, dass das eine übergreifende Freiheitsbewegung ist und dass das mein Land und mein Volk ist. Die Machthaber bekamen Angst vor dieser Völker-Bewegung, sie hatten Angst, dass diese Bewegung sich allein mit Repressionen nicht würde unterdrücken lassen, und wie nicht anders zu erwarten, griff man zu einem altbekannten Mittel: Man begann einen Krieg, um die Revolution abzuwürgen. Die Propaganda ersinnt eiligst ein nationalistisches und militaristisches Phantasma, um es überzupfropfen, um die Energie dieser Völker-Bewegung auf einen erdachten, äußeren Feind zu lenken: auf die Ukraine, Amerika, Europa. Dieses russländische Volk in einem politischen Sinne, das in den Protesten geboren war, ist vernichtet, dieses Volk gibt es nicht. Heute entsteht vor unseren Augen im Kampf um sein Leben und seine Freiheit in der Ukraine ein Volk im politischen Sinne, das ukrainische Volk sammelt sich.

Dank der Autorin

Dieser Text wurde für das Verlagsprojekt Kayfa ta geschrieben, für die Möglichkeit, mich daran zu beteiligen, danke ich Maha Maamoun und Ala Younis. Ebenso bedanke ich mich bei Furkat Palvan-Zade, Kirill Rožencov, Konstantin Korjagin und *Syg.ma* für die Mitarbeit an der russischsprachigen Publikation; Sami Khatib dafür, die ersten Ideen mit mir zu diskutieren, Bulat Khanov fürs Lesen des Manuskriptes und wertvolle Ratschläge, Kulshat Medeuova für die Ermöglichung meiner Reise nach Kasachstan, Hannah Hurtzig für den Aufenthalt in Sibirien, Igor Chubarov und Wladimir Velminski dafür, dass sie mich nach Koževnikovo begleitet haben; meiner Mutter Galina Bobrovskaja, meiner Schwester Elena Gončarova und meinem Mann Andrej Zmeul für ihre Liebe und Zuwendung.

Dank der Übersetzerin

Mein erster Dank gilt Oxana Timofeeva, die mir die Originalversion ihres Manuskripts zusandte, ohne zu wissen, ob es mir gelingen würde, das Projekt umzusetzen. Herzlich danken möchte ich Katharina Raabe und Gabi Leupold, die mich ermuntert haben. Besonders dankbar bin ich für das im Rahmen von *NEUSTART KULTUR* erhaltene Stipendium der VG WORT, das es mir ermöglichte, den Übersetzungsprozess mit Recherchen zu verbinden. Andreas Rötzer danke ich für sein Vertrauen und seine Unterstützung. Außerdem bedanke ich mich bei Christof Löwe und Nele Saß. Von ganzem Herzen danke ich Arnold Oberhammer, der mich immer auf meinen Textreisen begleitet.

OXANA TIMOFEEVA ist Professorin am Zentrum für Philosophie »Stasis« an der Europäischen Universität in Sankt Petersburg sowie Autorin und Mitglied im Künstlerkollektiv *Chto delat*.

ANJA DAGMAR SCHLOSSBERGER übersetzt Literatur und Philosophie aus dem Russischen und Englischen.

Die Übersetzung und Herausgabe ist mit einem Stipendium der VG WORT im Rahmen von NEUSTART KULTUR gefördert worden.

 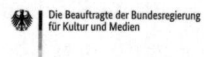

Erste Auflage Berlin 2022

© 2022
MSB Matthes & Seitz Berlin Verlagsgesellschaft mbH
Göhrener Straße 7, 10437 Berlin
info@matthes-seitz-berlin.de

Erschienen im Original erstmals 2020 unter dem Titel *Rodina* im Verlag Sygma, Moskau, sowie 2021 auf Englisch unter dem Titel *How to love a homeland* im Verlag Kayfa ta, Beirut.

FOTOGRAFIEN: Kulshat Medeuova (S. 84–85, 88–89, 90, 91), Oxana Timofeeva (S. 86–87, 92–93, 94) und Wladimir Velminski (S. 81, 82–83) sowie anonym (S. 95)
UMSCHLAG UND SATZ: Pauline Altmann, Palingen
DRUCK UND BINDUNG: Beltz Grafische Betriebe, Bad Langensalza
ISBN: 978-3-7518-0810-1

www.matthes-seitz-berlin.de

Reihe punctum bei Matthes & Seitz Berlin

Irina Rastorgueva
Das Russlandsimulakrum

Dieser mit großer Intensität verfasste Essay verwebt
Zahlen, Fakten und Geschichten über die unmögliche
und trotz allem noch lebendige russische Opposition.
Sie steht einem parlamentarischen Unterdrückungs-
apparat gegenüber, sieht sich mit erfundenen Tat-
beständen in reale Prozesse verwickelt und reagiert
darauf mit gewagten Aktionen und politischer Satire
in Wort und Bild. Russland zeigt sich als ein Spiegelka-
binett des Politischen: Reflexion ohne Objekt. Und die
Vergangenheit des Landes ist noch unbekannter als
seine Zukunft. – Ein brandaktuelles Buch, das Putins
Politik zu entschlüsseln hilft.

274 Seiten, Klappenbroschur mit einer Meme-Collage von
Irina Rastorgueva, ISBN 978-3-7518-0802-6

Reihe punctum bei Matthes & Seitz Berlin

Heinrich Kirschbaum
Revolution der Geduld

Im Sommer 2020 gingen die Menschen in Belarus auf die Straße, um für Demokratie und Freiheit zu kämpfen. Schnell war die Rede von einer Revolution, doch wenn eine Revolution darin besteht, dass danach nichts mehr ist, wie es war, dann hat sich die Revolution in Belarus bis heute noch nicht vollzogen. Oder doch, dann allerdings ganz anders: als eine Dauerrevolution, eine Revolution der Geduld. Mit philologischem Gespür und kulturhistorischem Tiefenblick liest Heinrich Kirschbaum die belarussischen Proteste nicht als singuläres Ereignis, sondern entdeckt in ihnen die Beharrlichkeit des menschlichen Willens zur Veränderung und Selbstorganisation: Davon zeugen die stillen, ausdauernden Märsche durch die Hinterhöfe, die Hilfsbereitschaft der Menschen untereinander oder die sich forciert formierende Diaspora in europäischen Städten. In zweiundzwanzig Reflexionen, die sich mit der Sprache und Geschichte, der Poesie und nicht zuletzt auch der eigenen Betroffenheit befassen, zeichnet diese »belarussische Bricolage« die Entstehung einer Zivilgesellschaft jenseits sanktionierter Machtgefüge.

253 Seiten, Klappenbroschur, ISBN 978-3-7518-0807-1